げんきにいこう！
Departure!

しゅっぱつしんこう
出発進行！

年　　月　　日

なまえ
名前

JN225494

セカンド ステーション
2nd station

Passed!
おめでとう！

とうちゃく
到着！

年　　月　　日

つぎ　　　　　　　サード ステーション
次は　**3rd station**へ

ピアノトレイン　ニュー バイエル　2

たかい ポジション（1）———————————————— 40

ひくい ポジション（2）———————————————— 48

ひくい ポジション（3）———————————————— 52

たかい ポジション（4）———————————————— 60

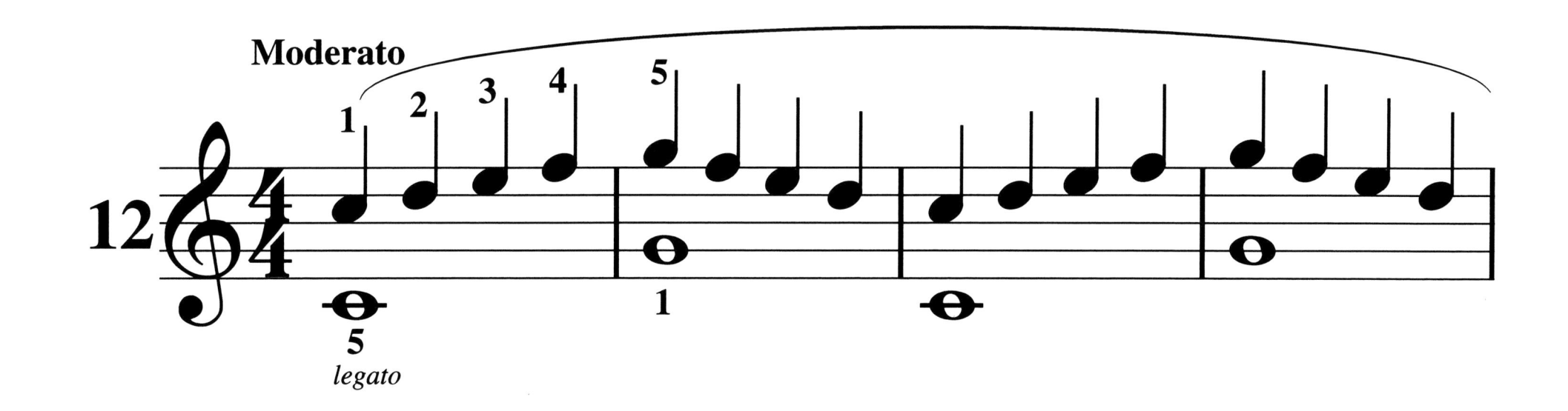

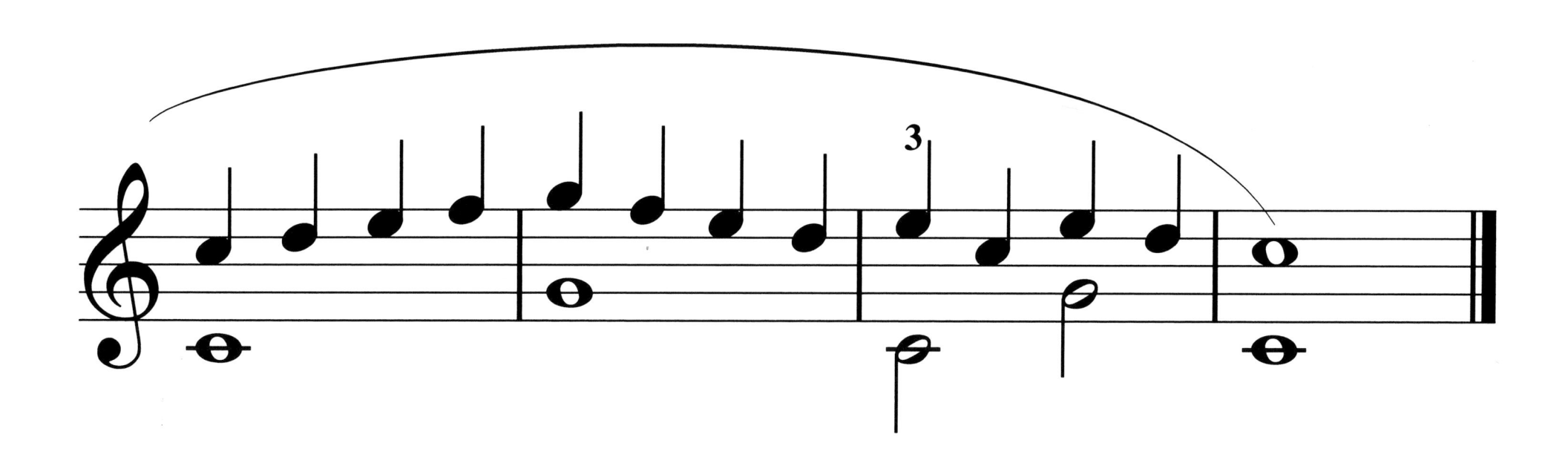

13

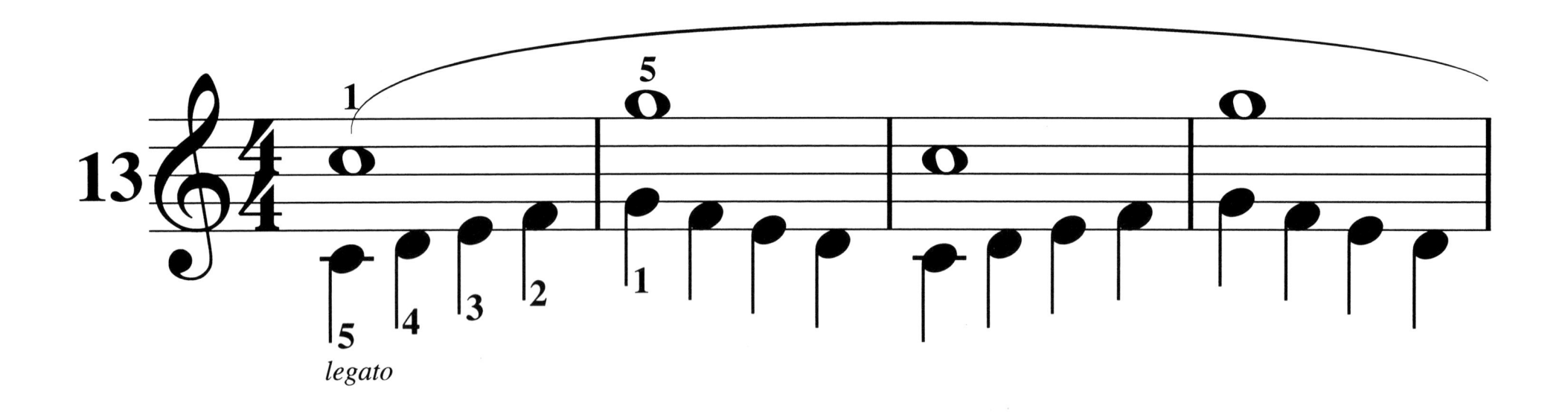

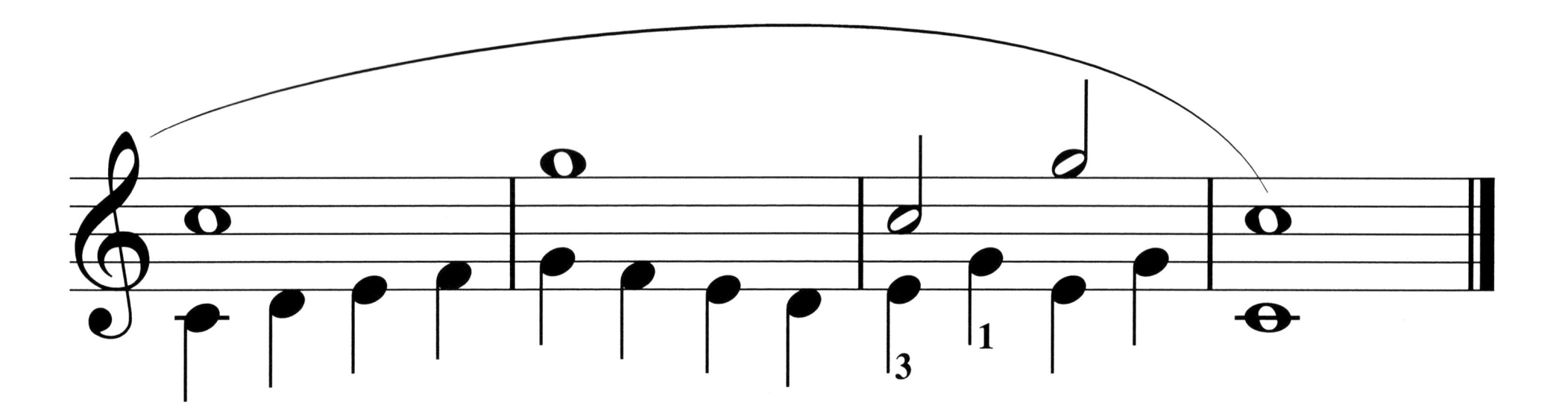

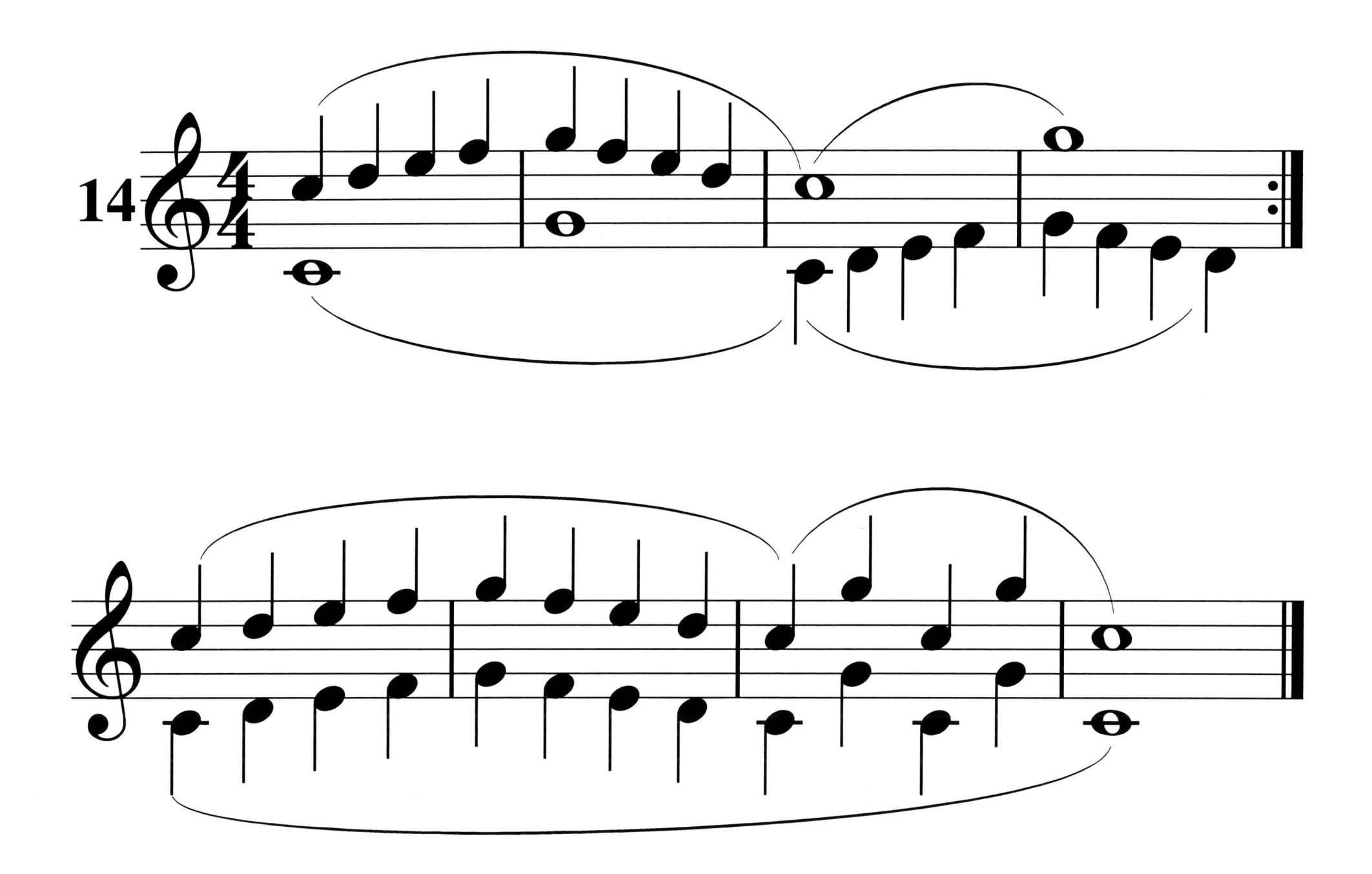

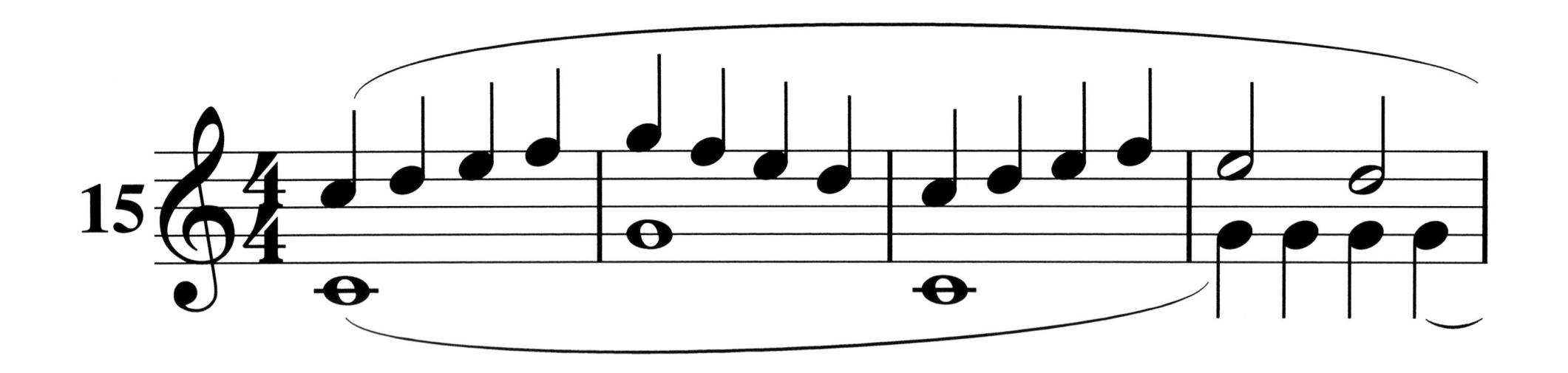

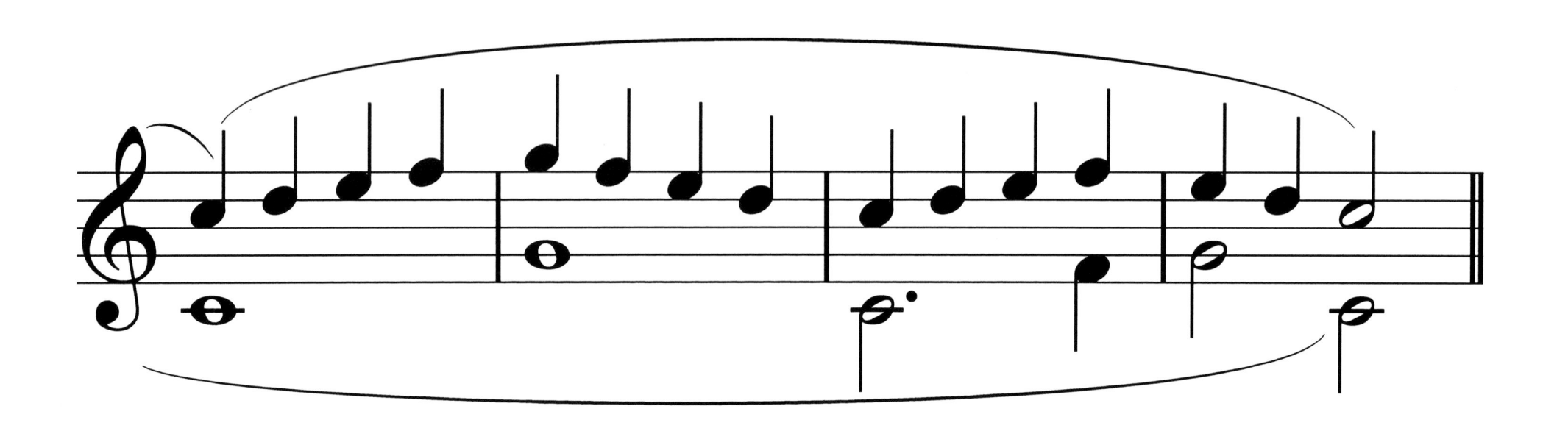

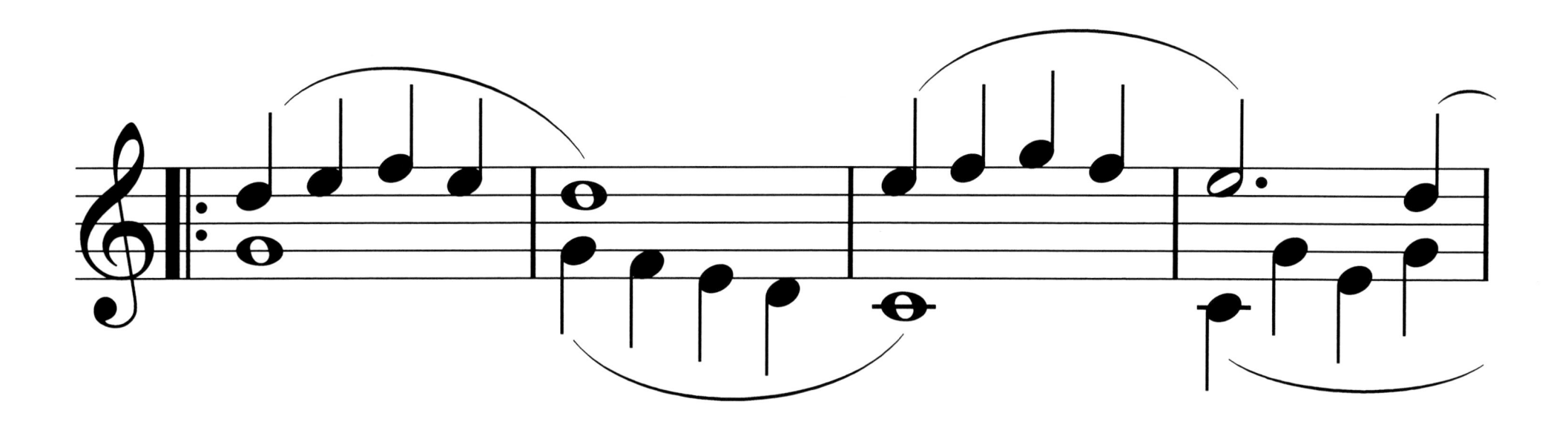

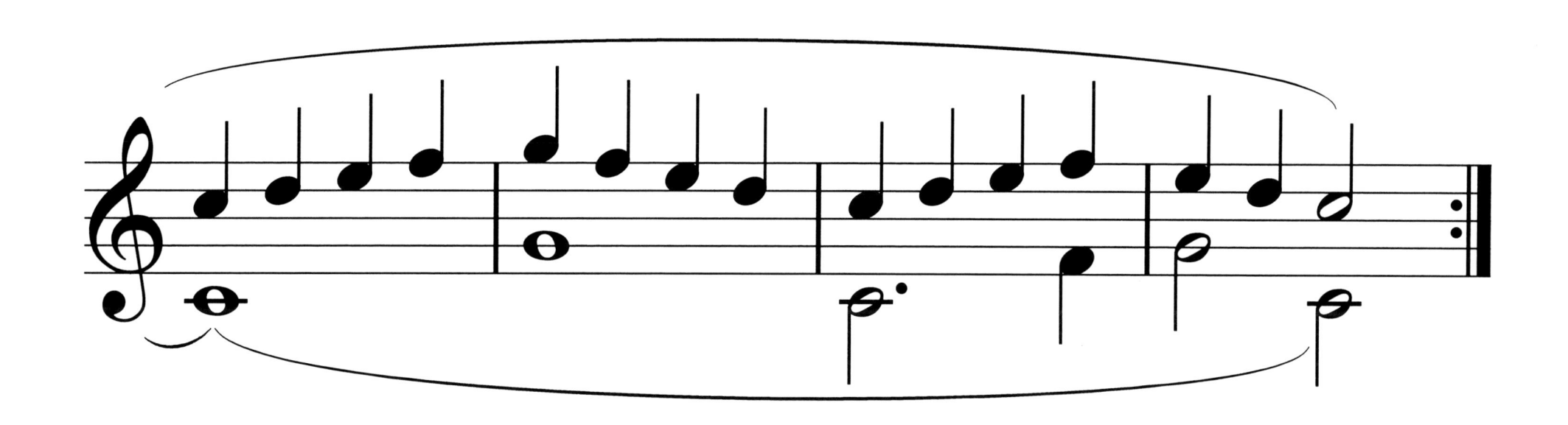

Moderato

16

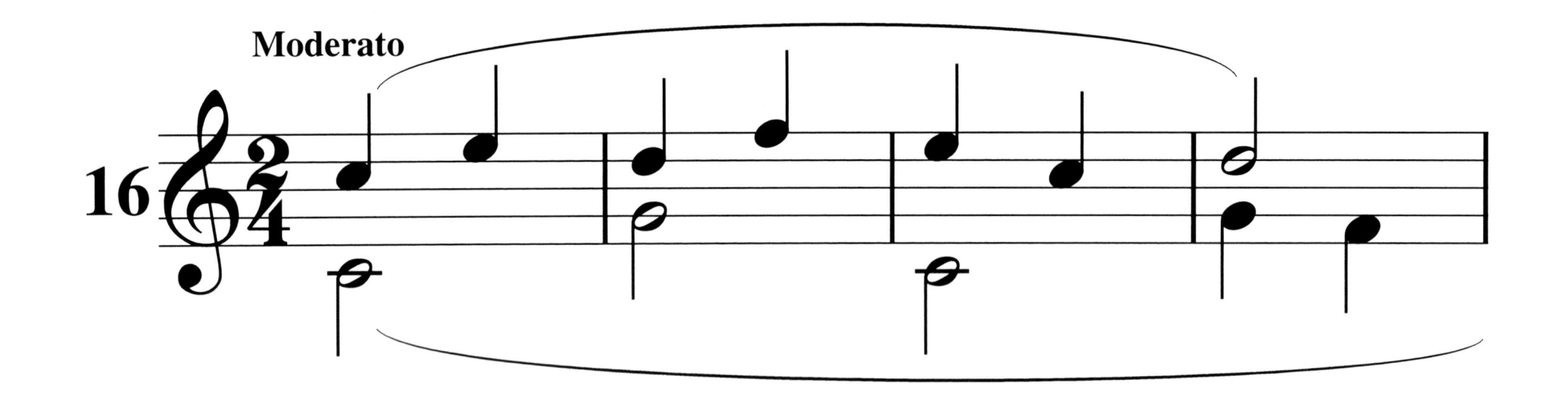

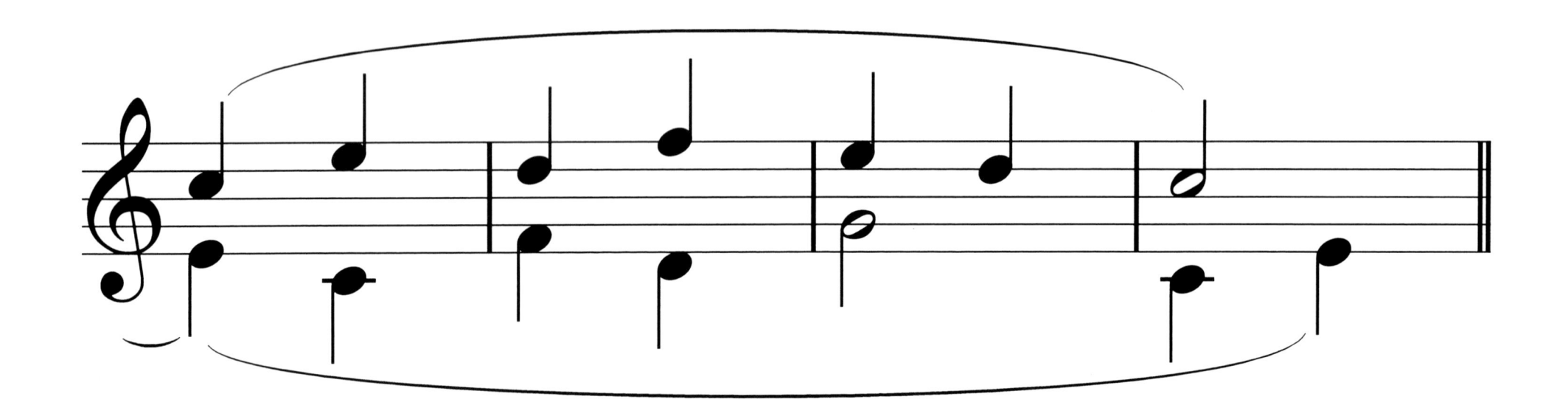

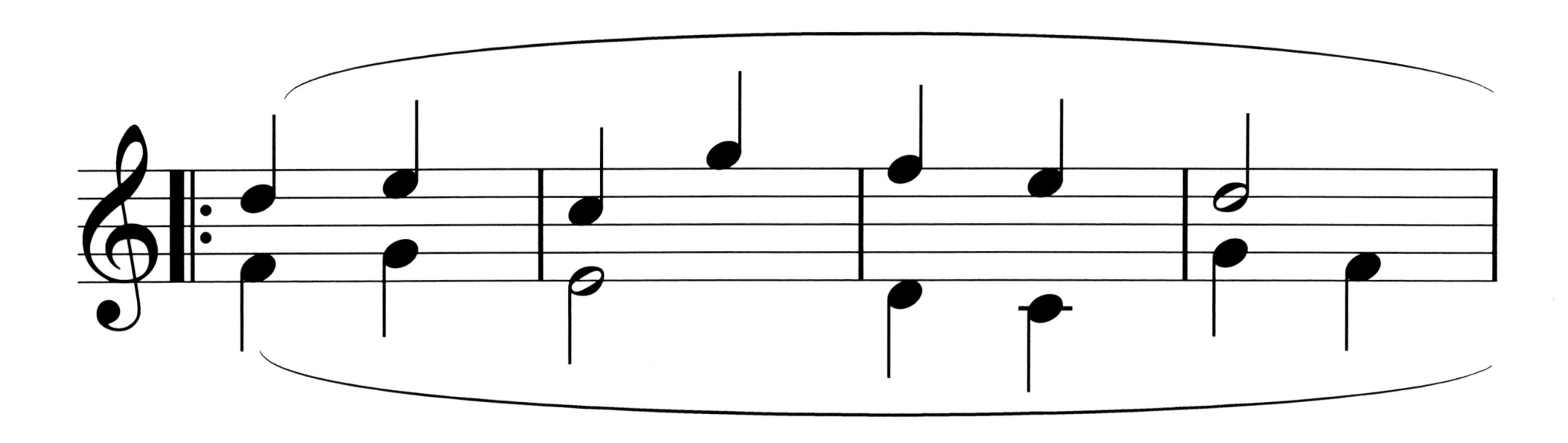

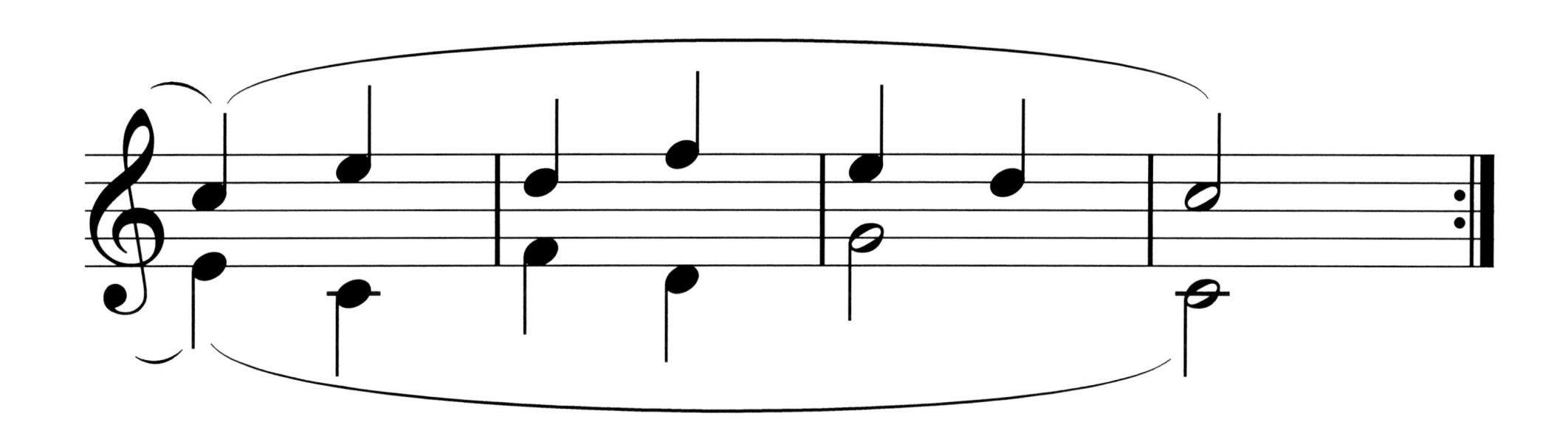

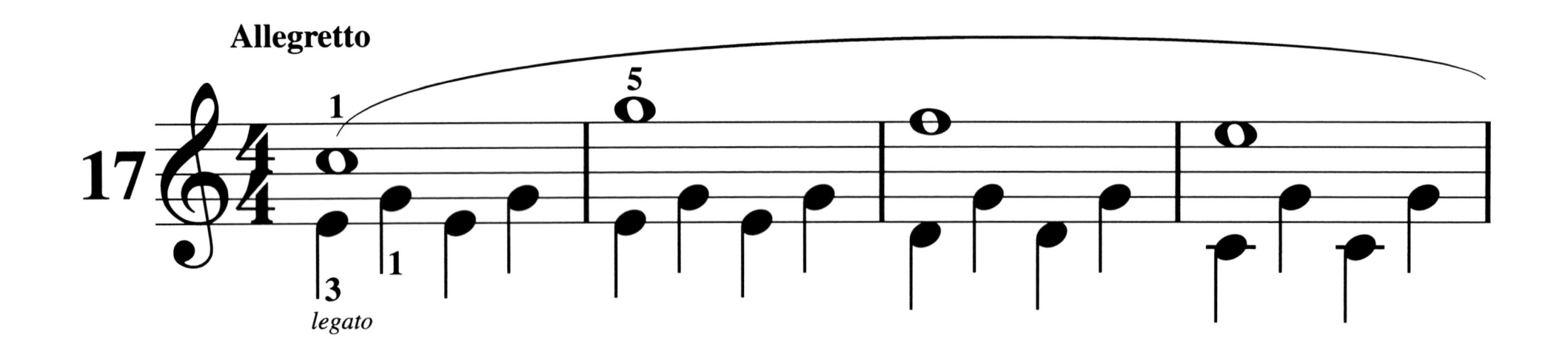

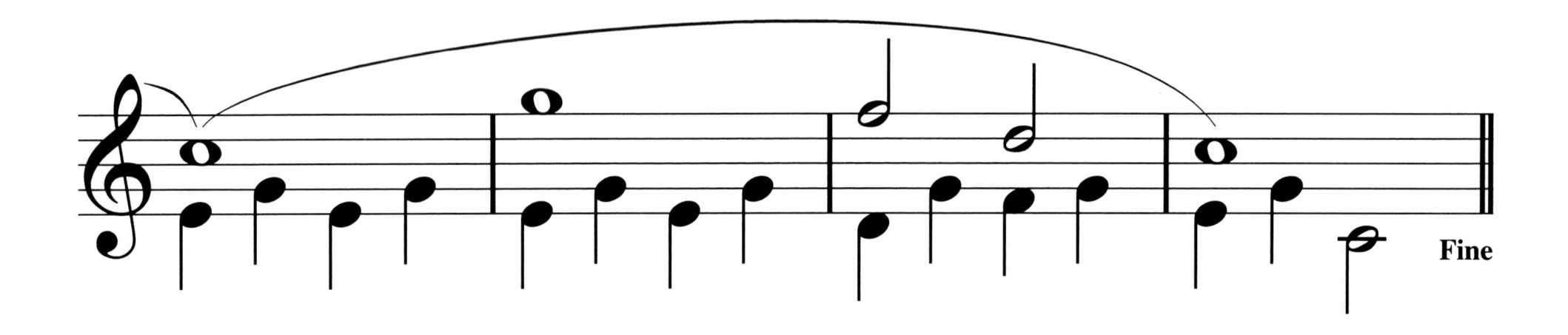

D.C. al Fine のしるしは　はじめにもどり **Fine** でおわります。

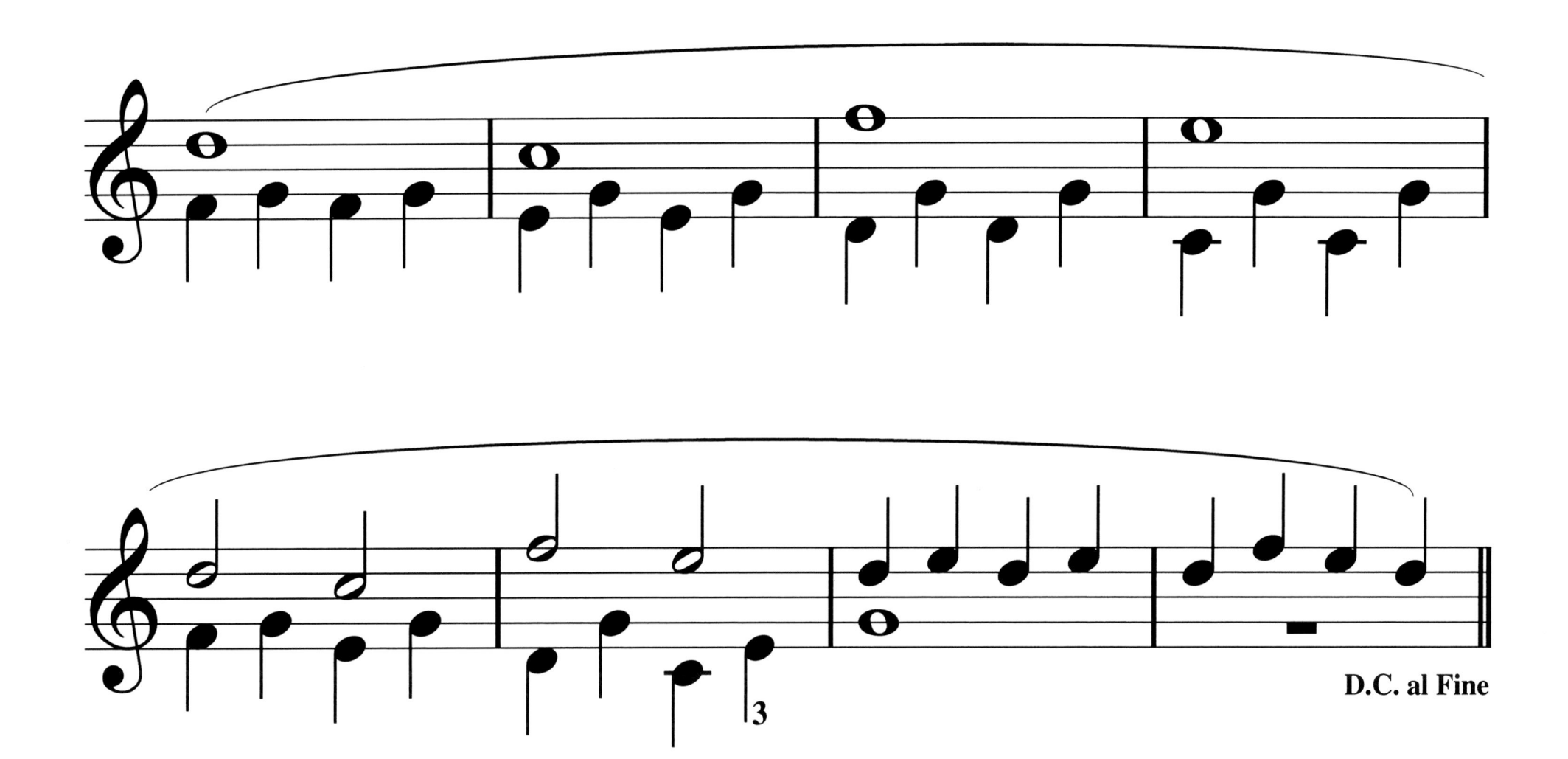

D.C. al Fine

18

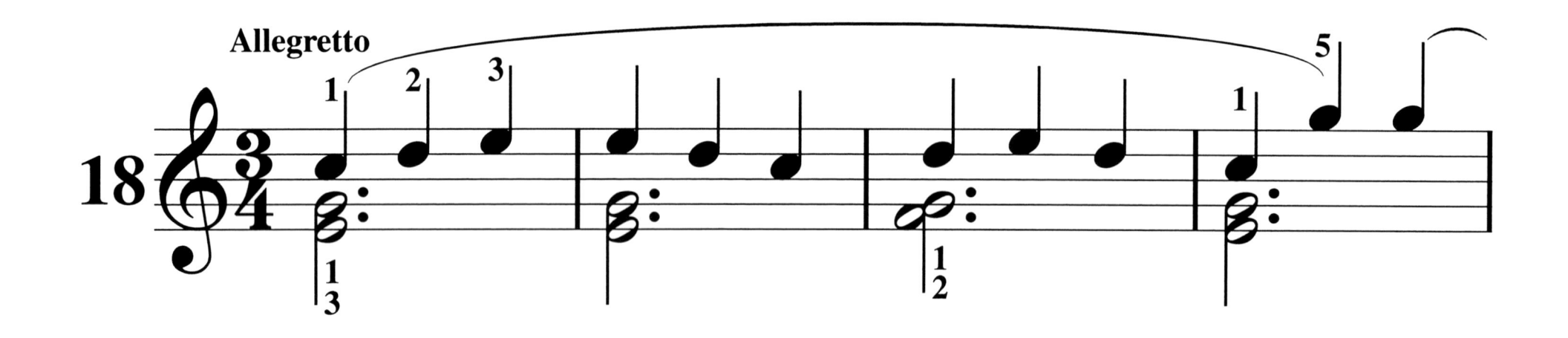

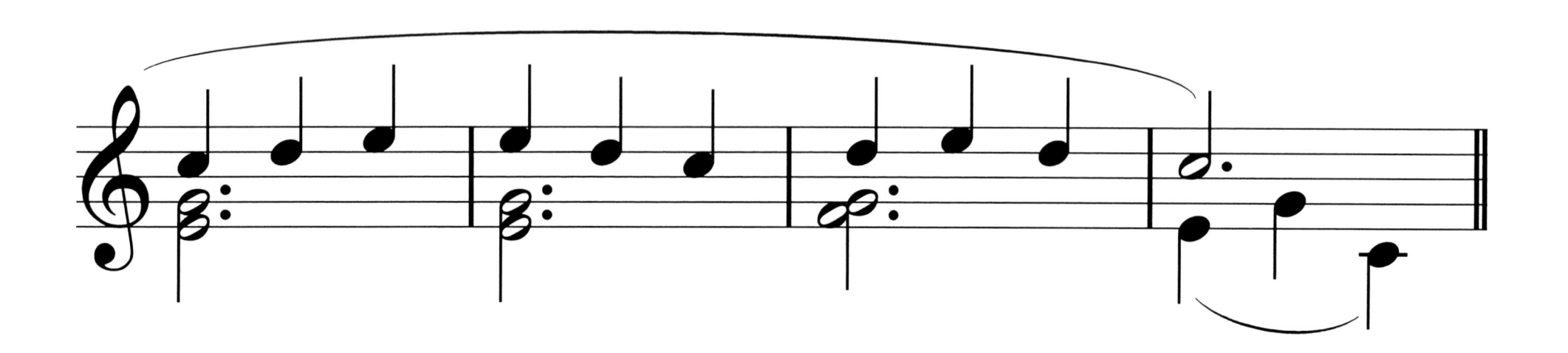

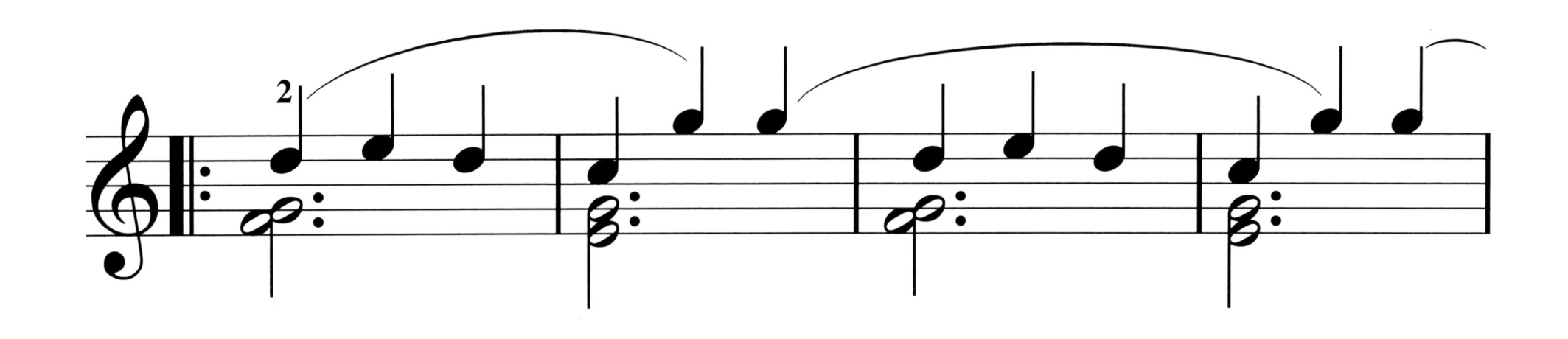

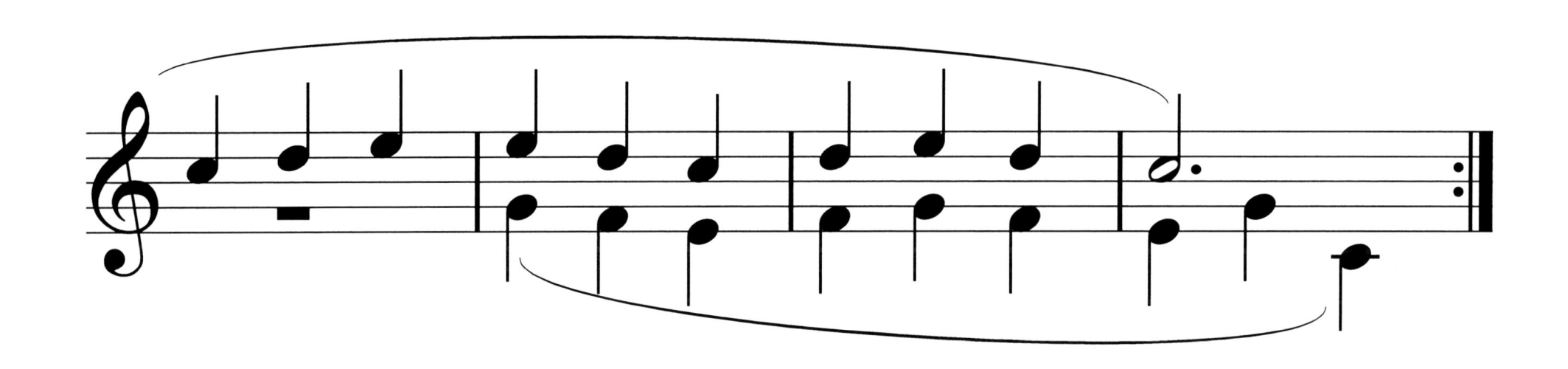

19

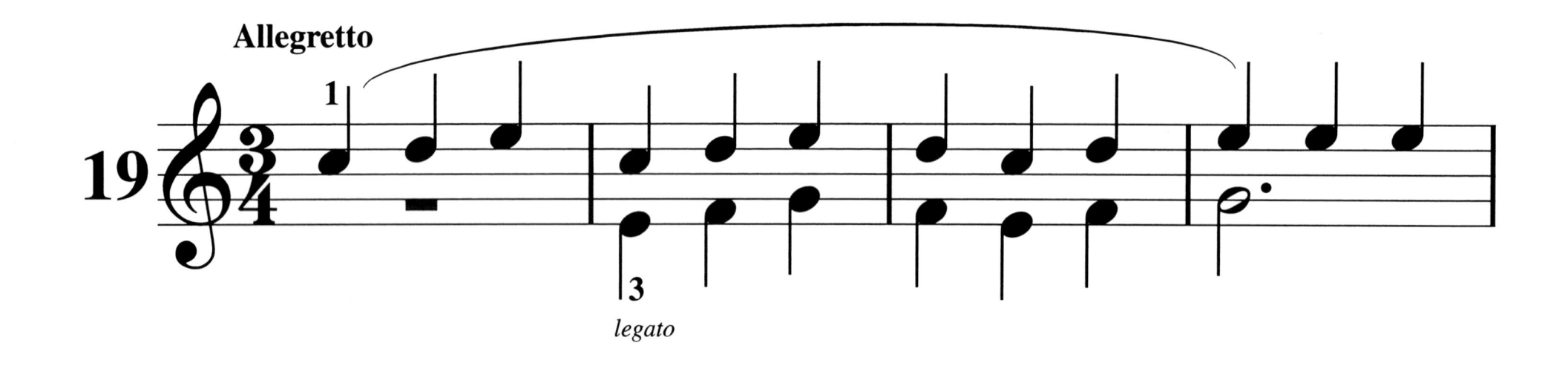

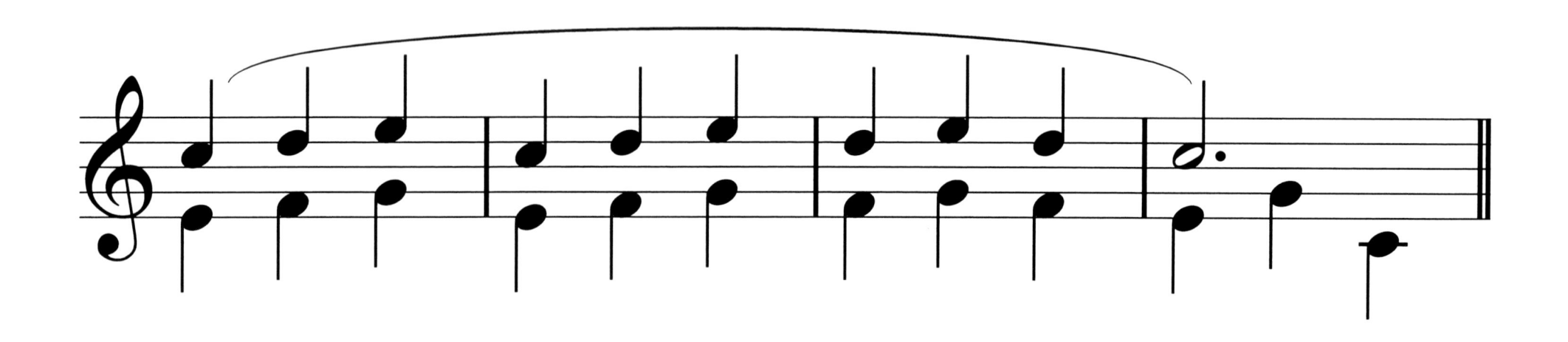

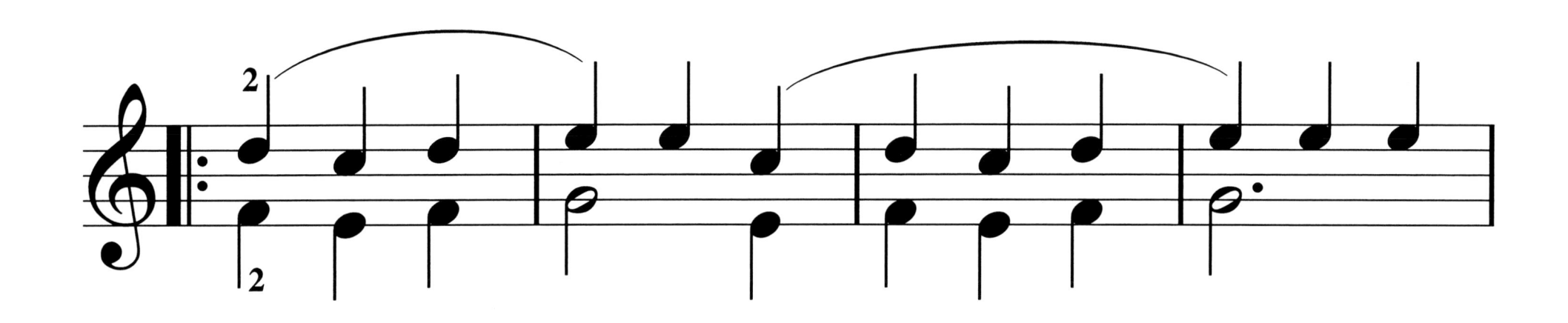

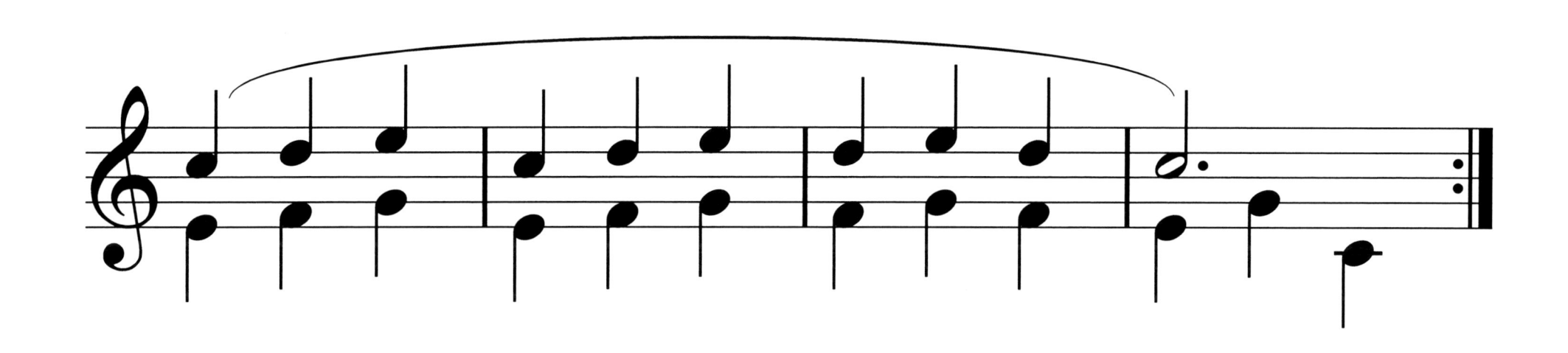

Allegretto

20

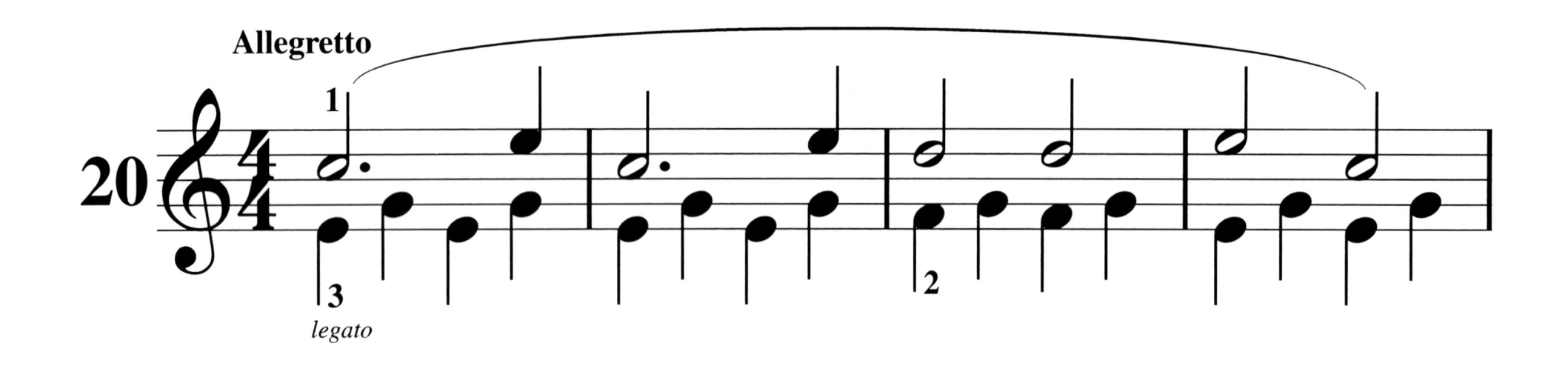

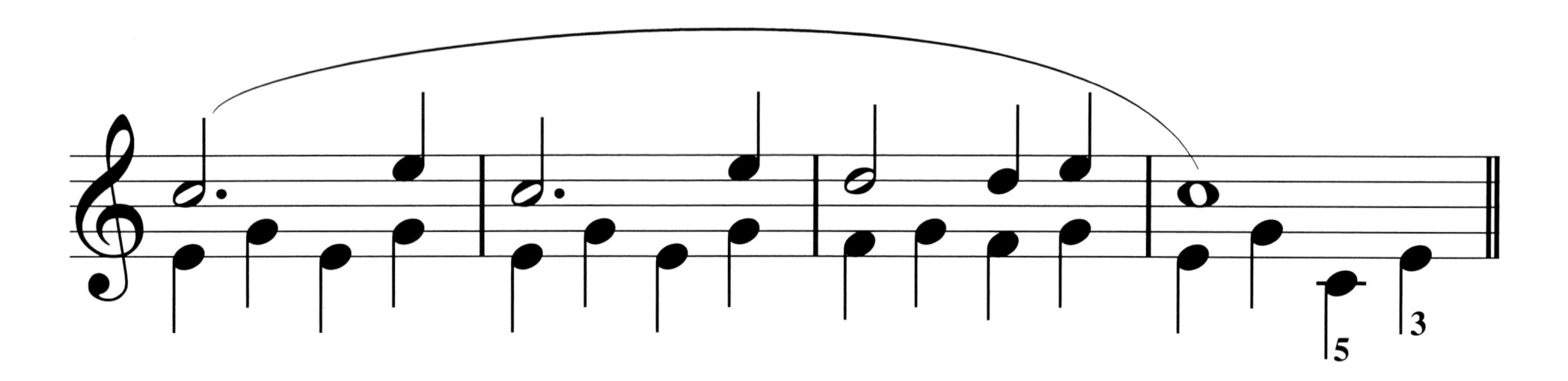

21

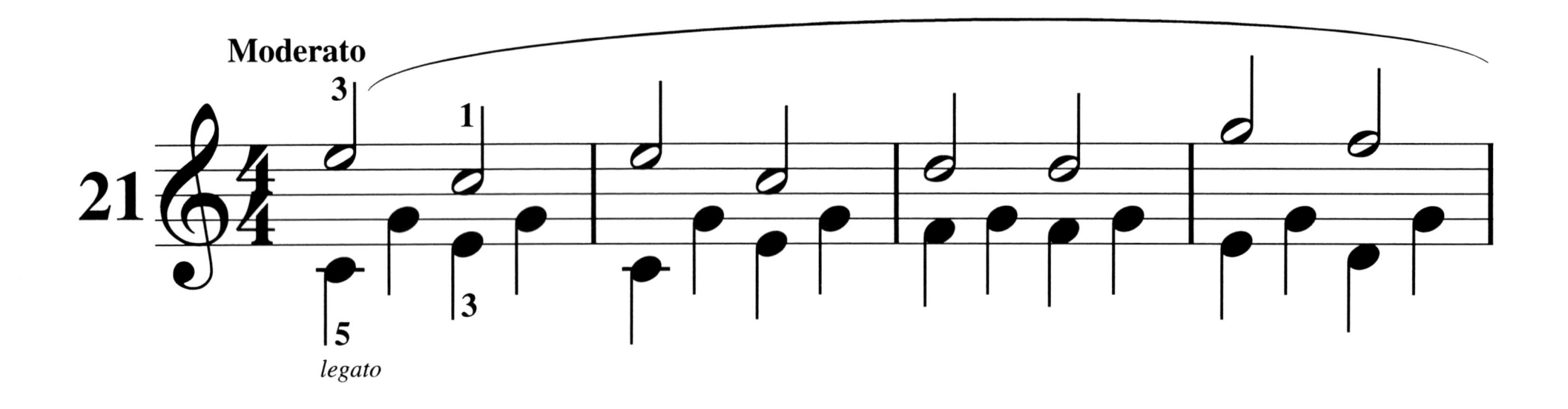

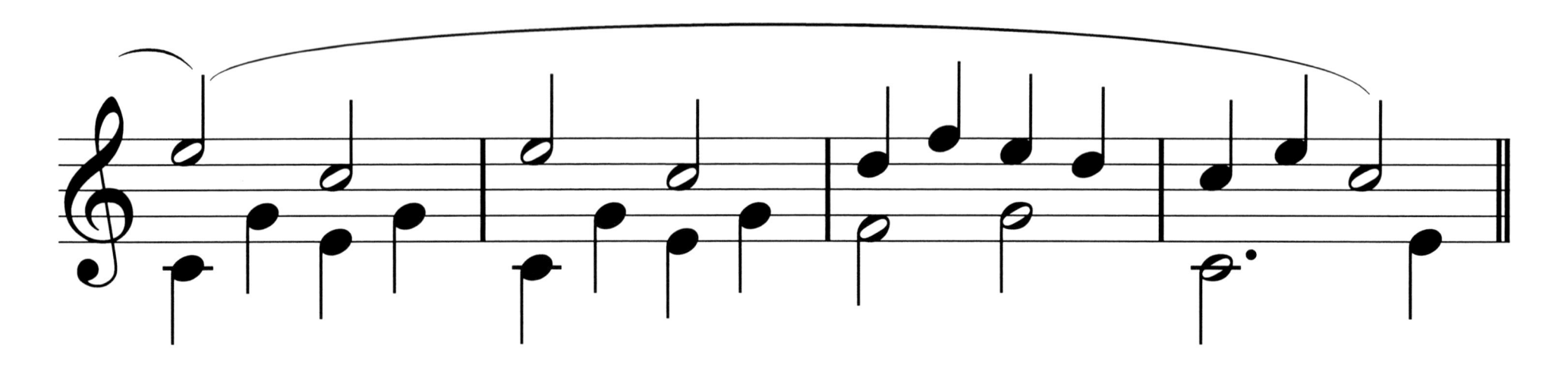

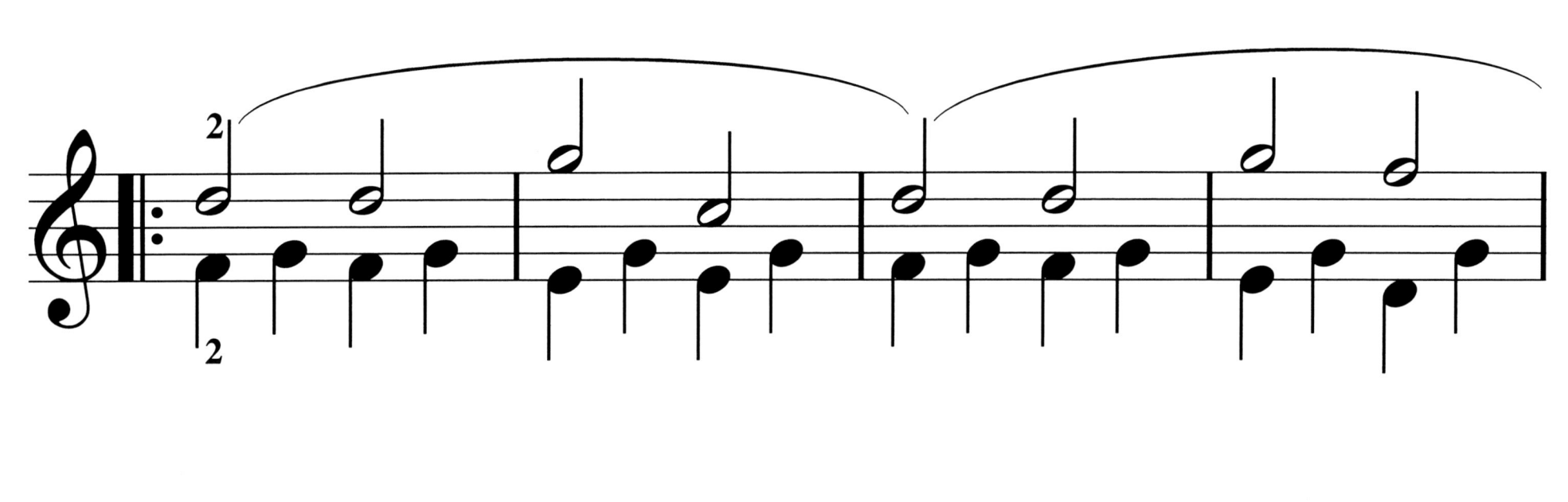

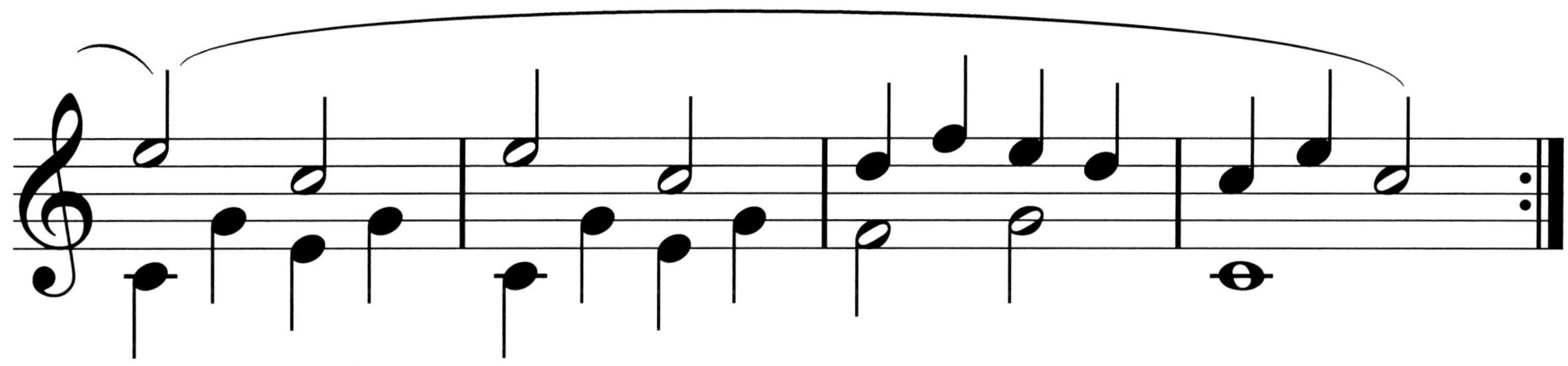

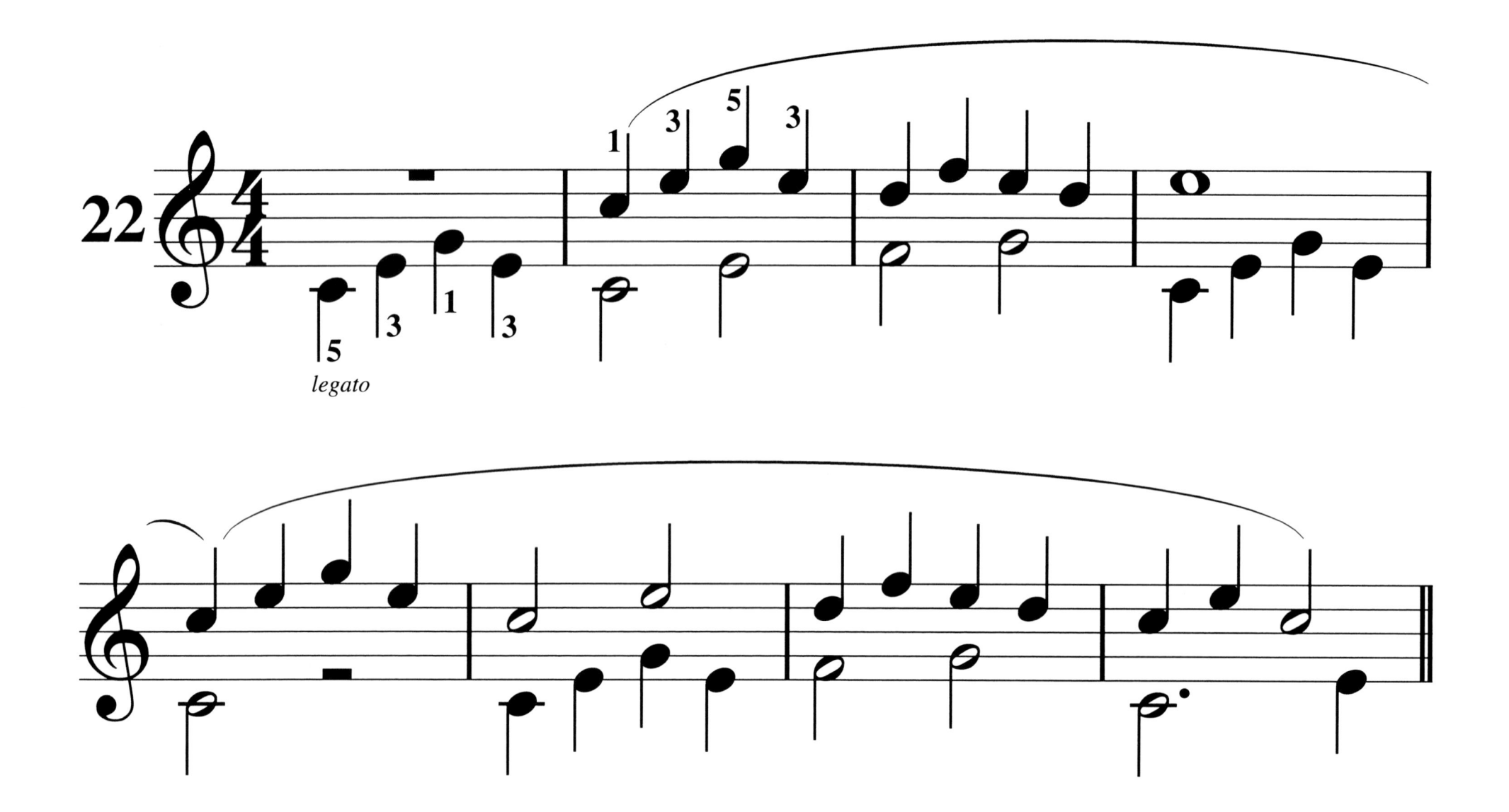

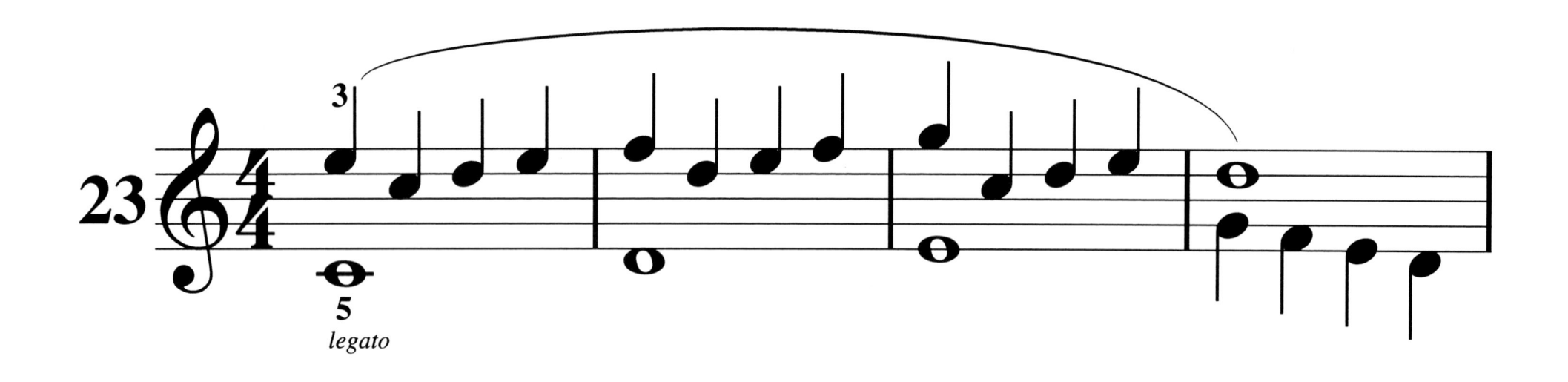

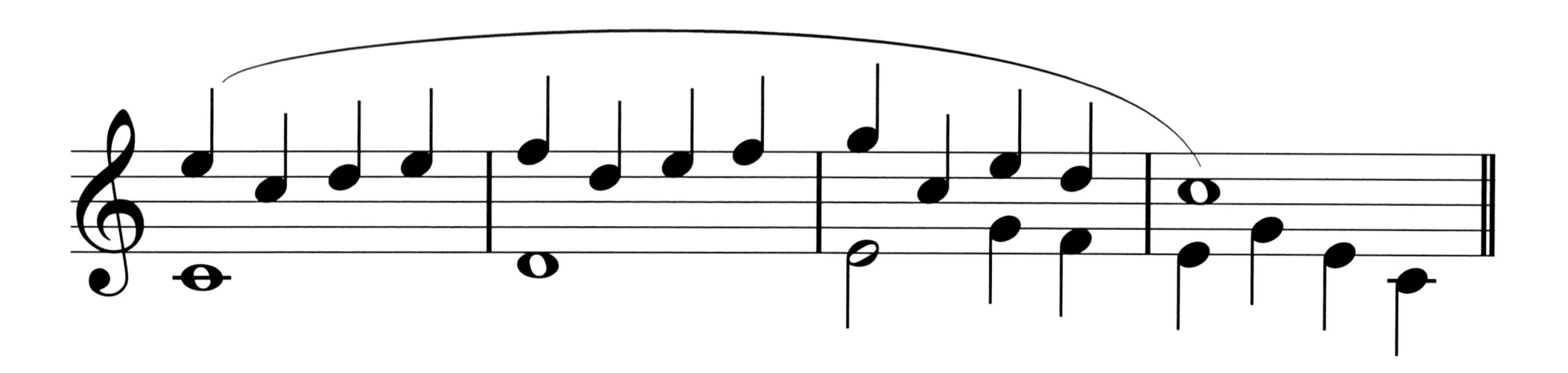

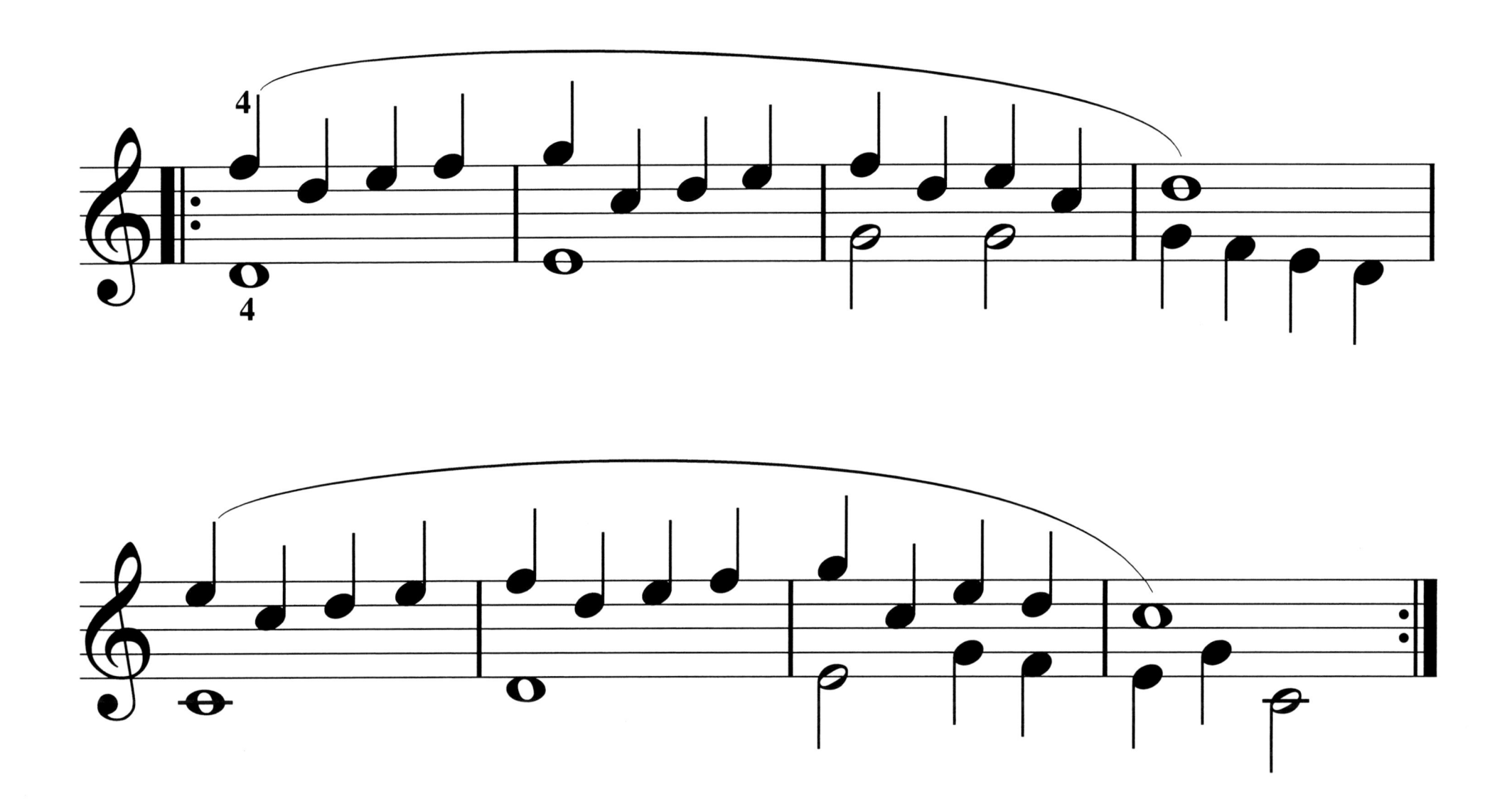

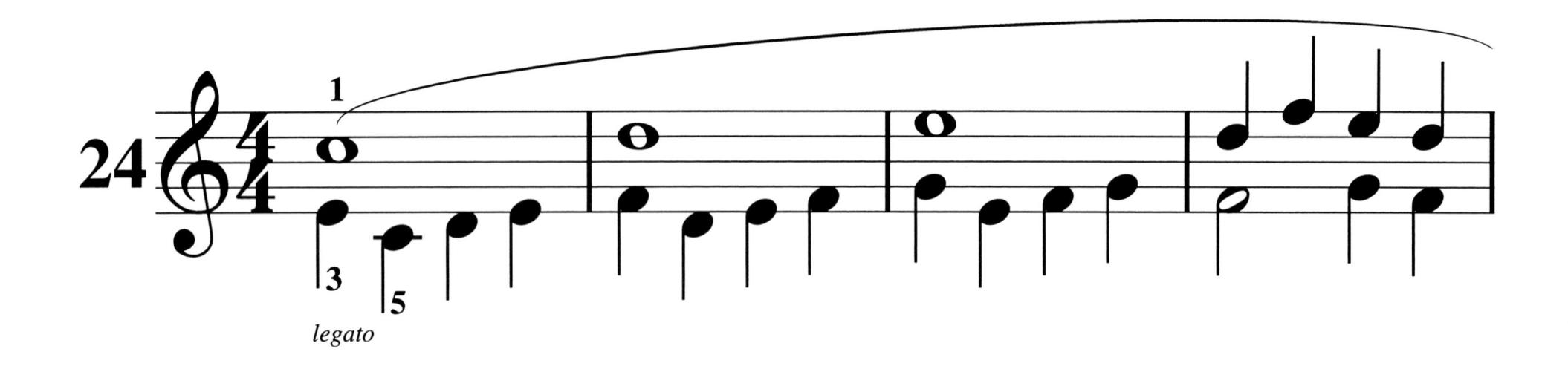

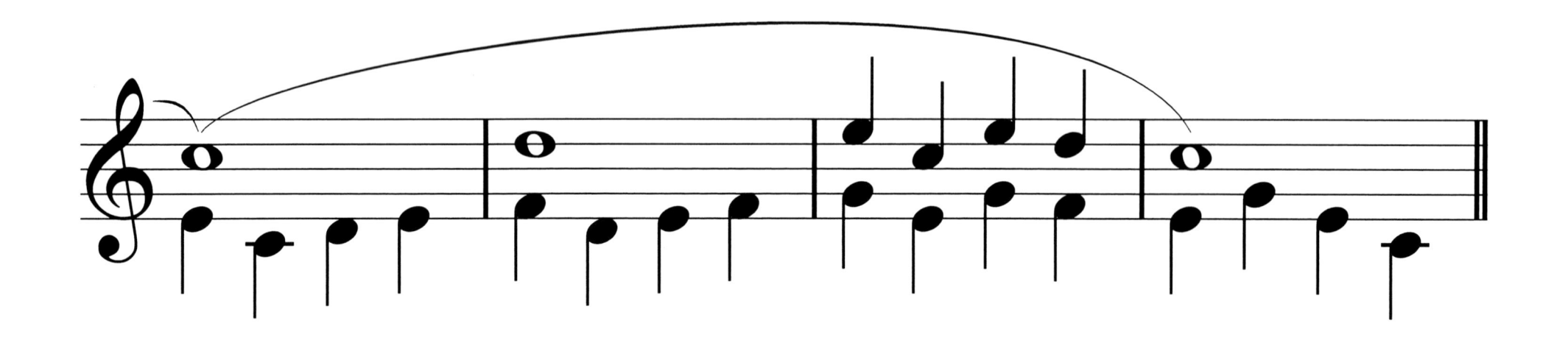

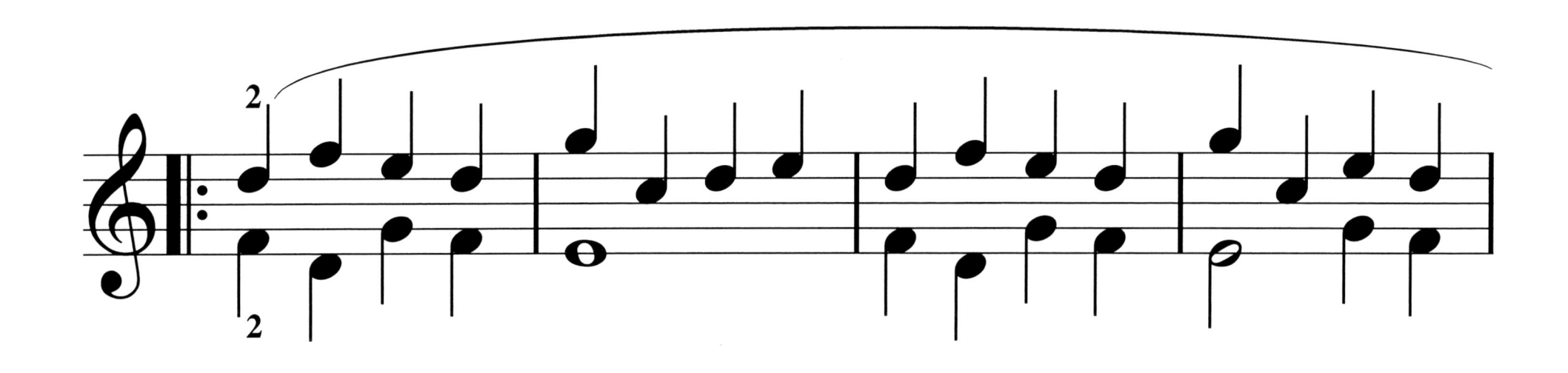

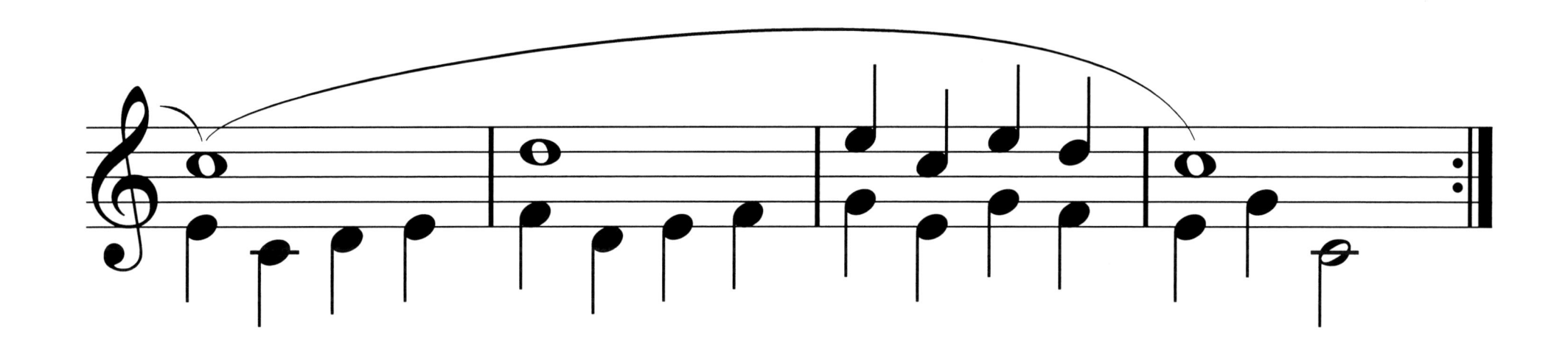

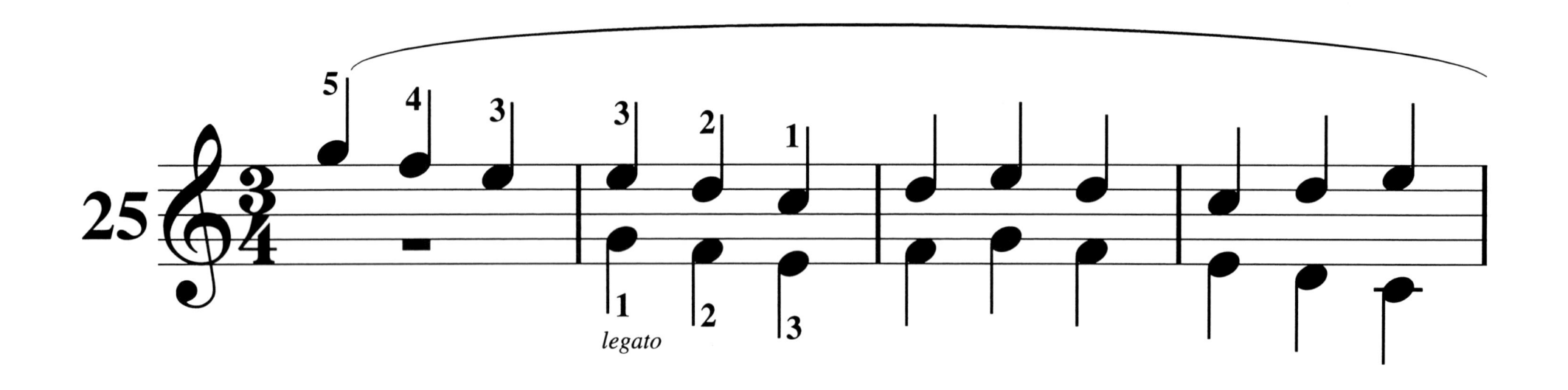

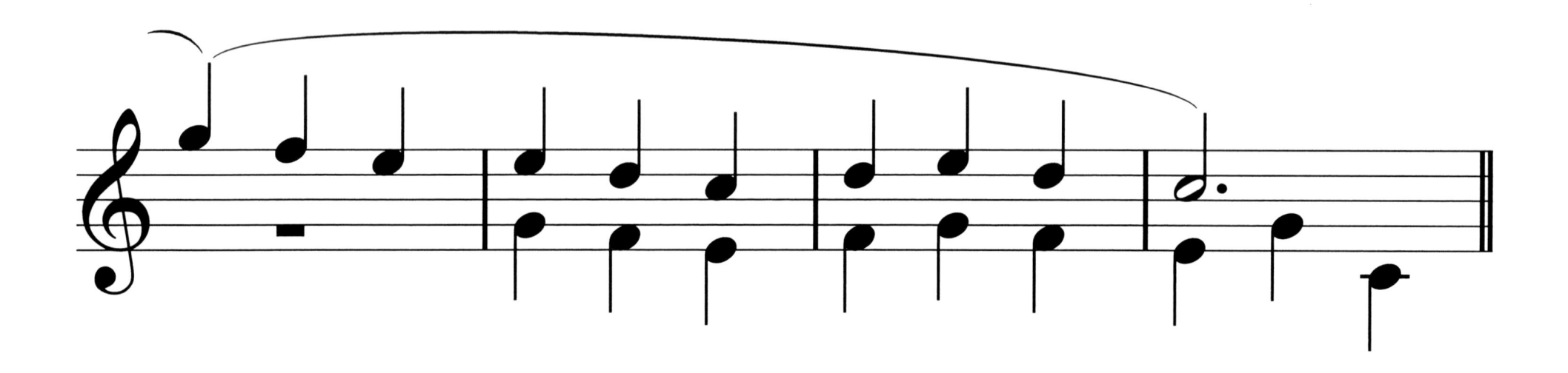

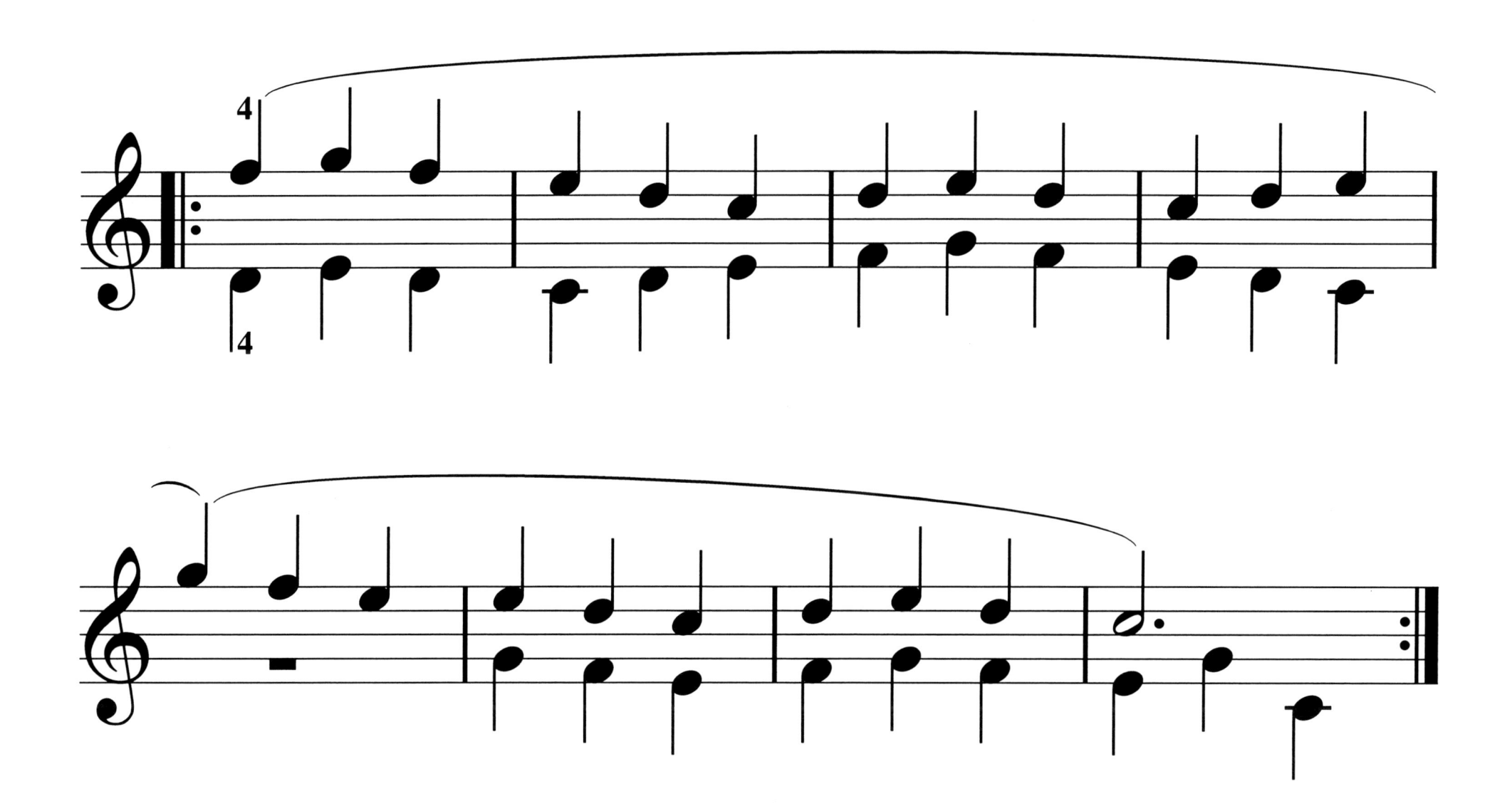

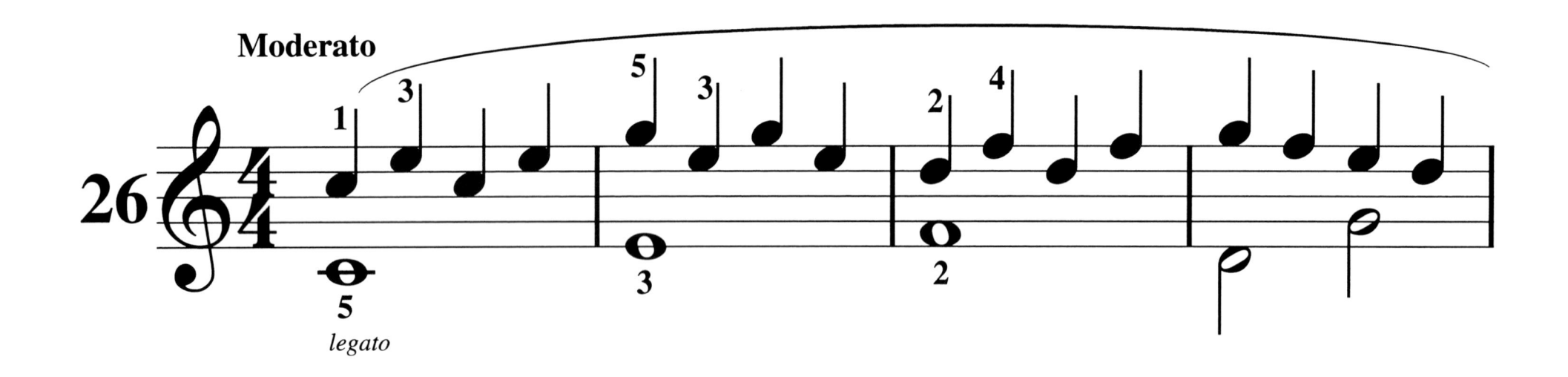

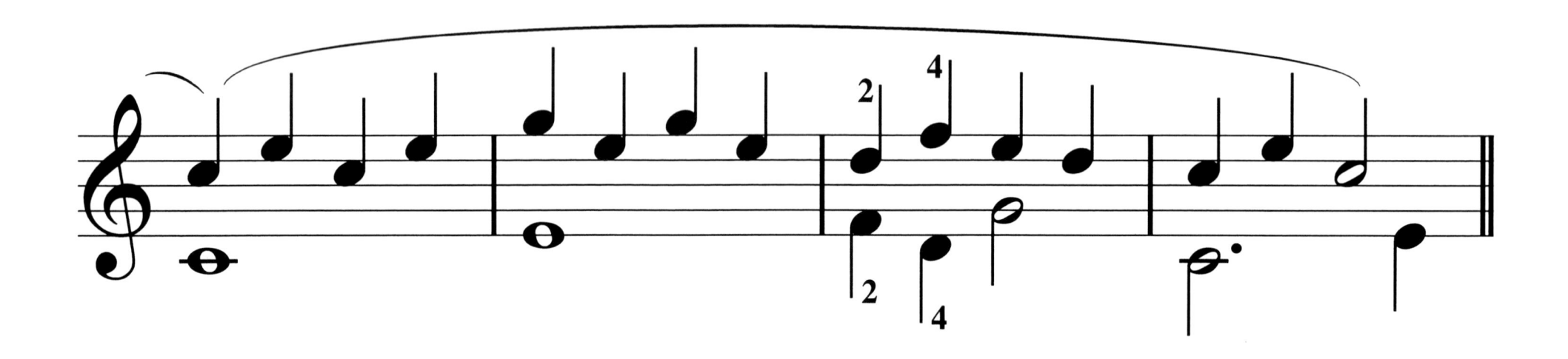

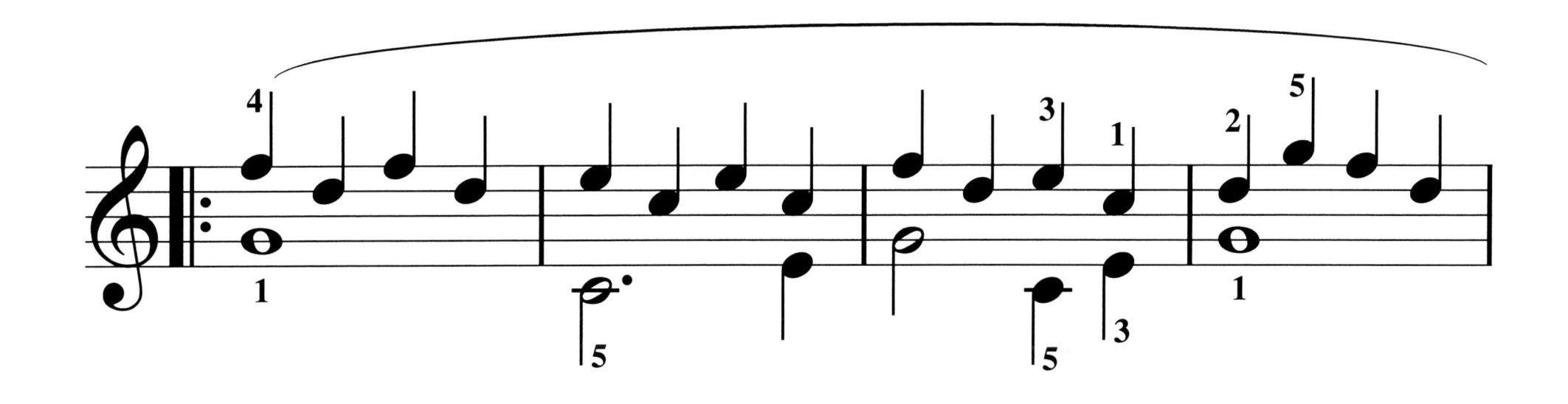

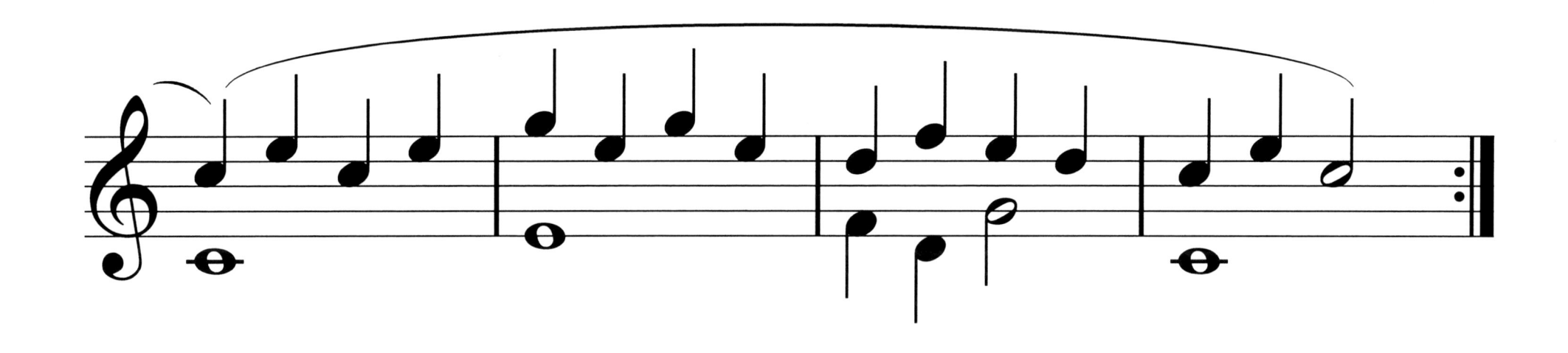

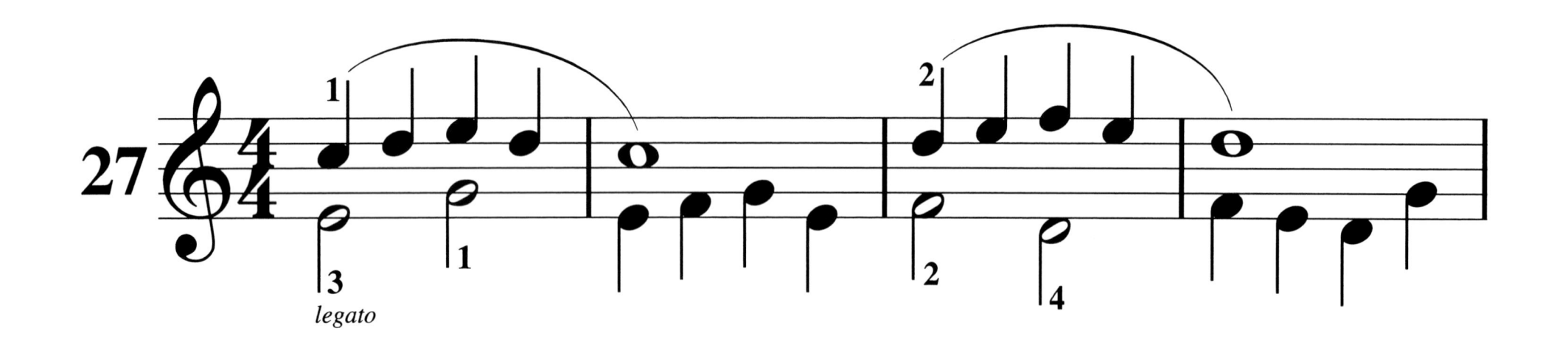

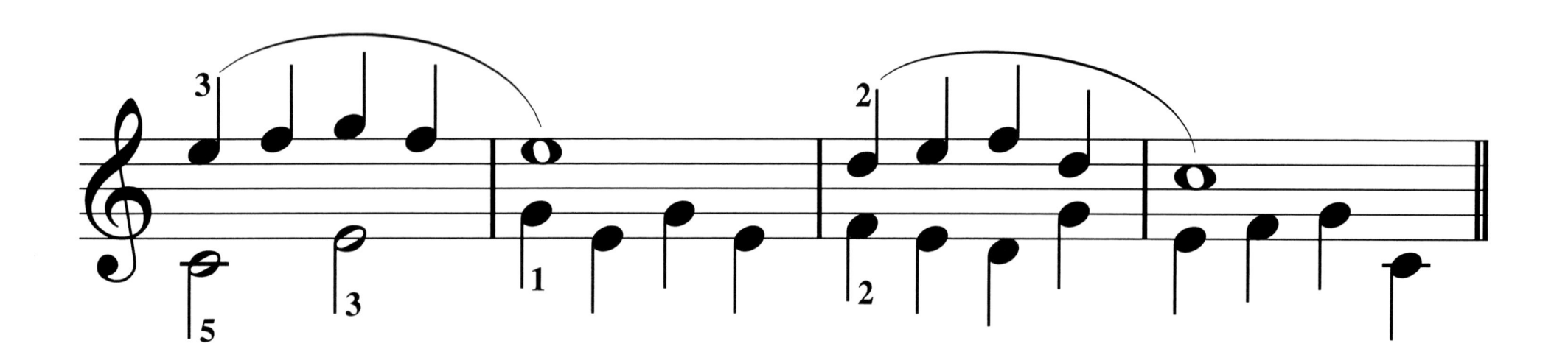

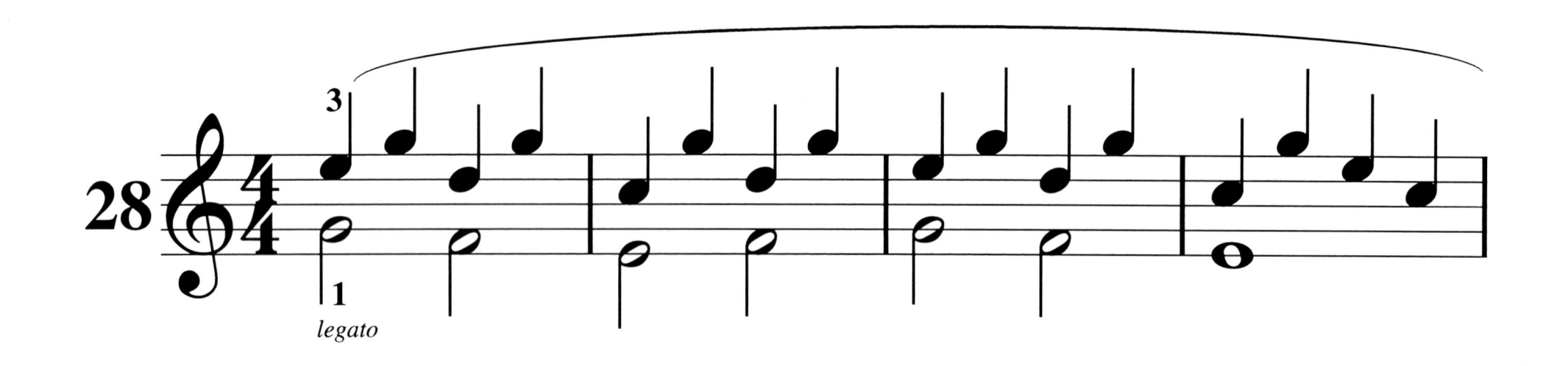

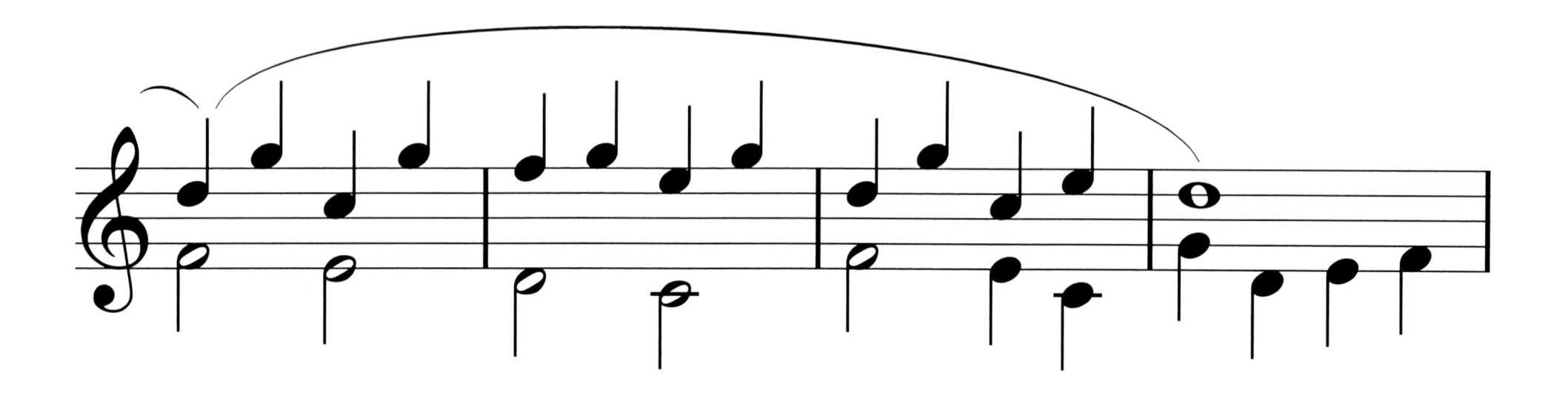

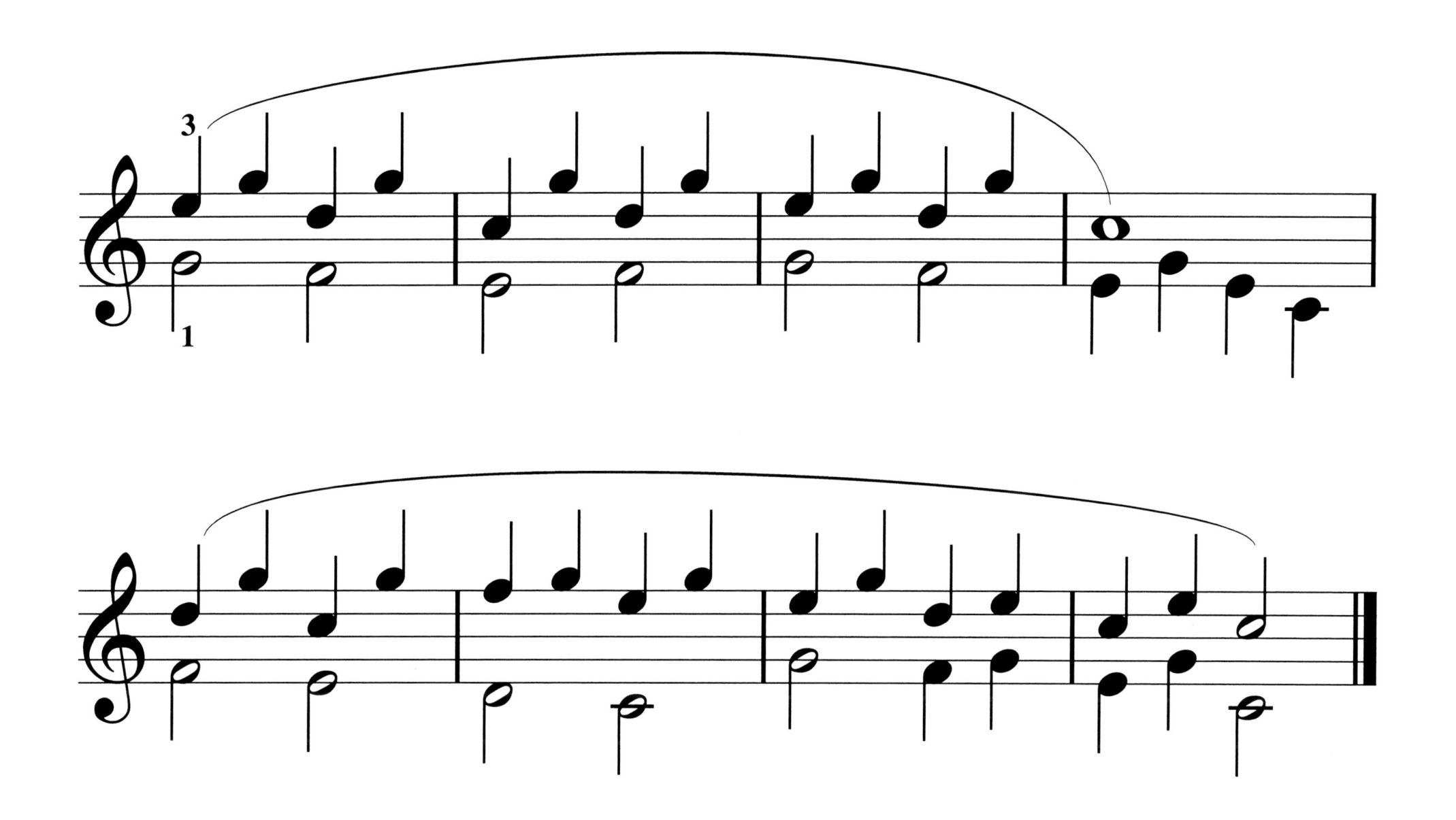

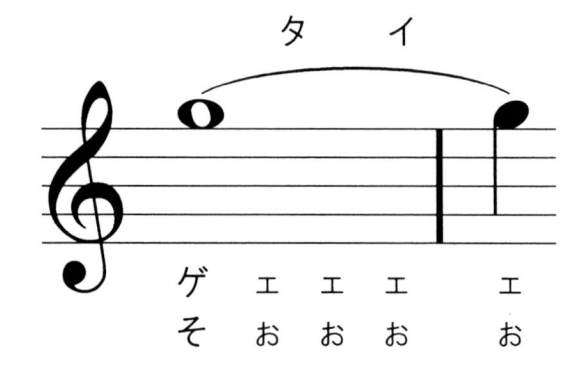

タイは となりどうしのおなじなまえの
おんぷにかかっている ⌒ です。
ひきかたは ２つのおんぷを
たしたながさだけ のばします。

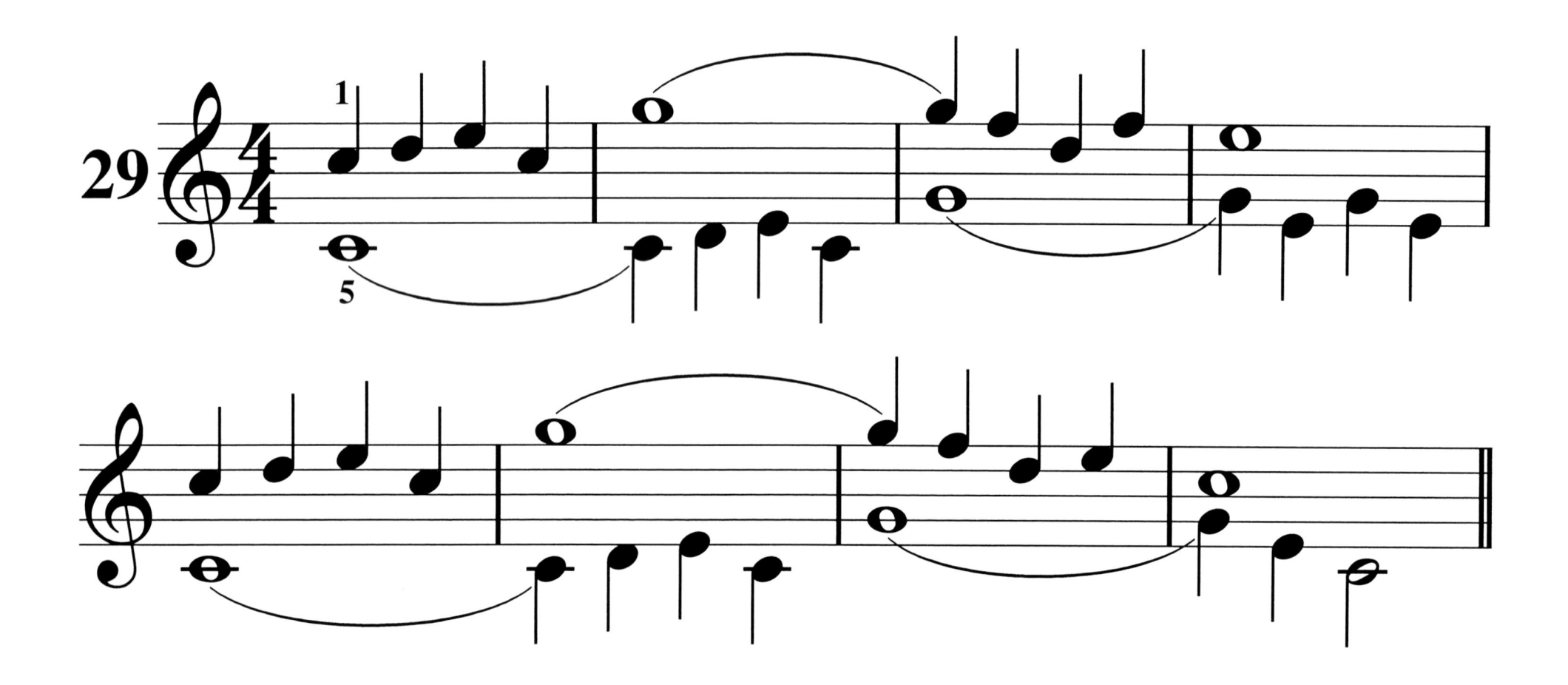

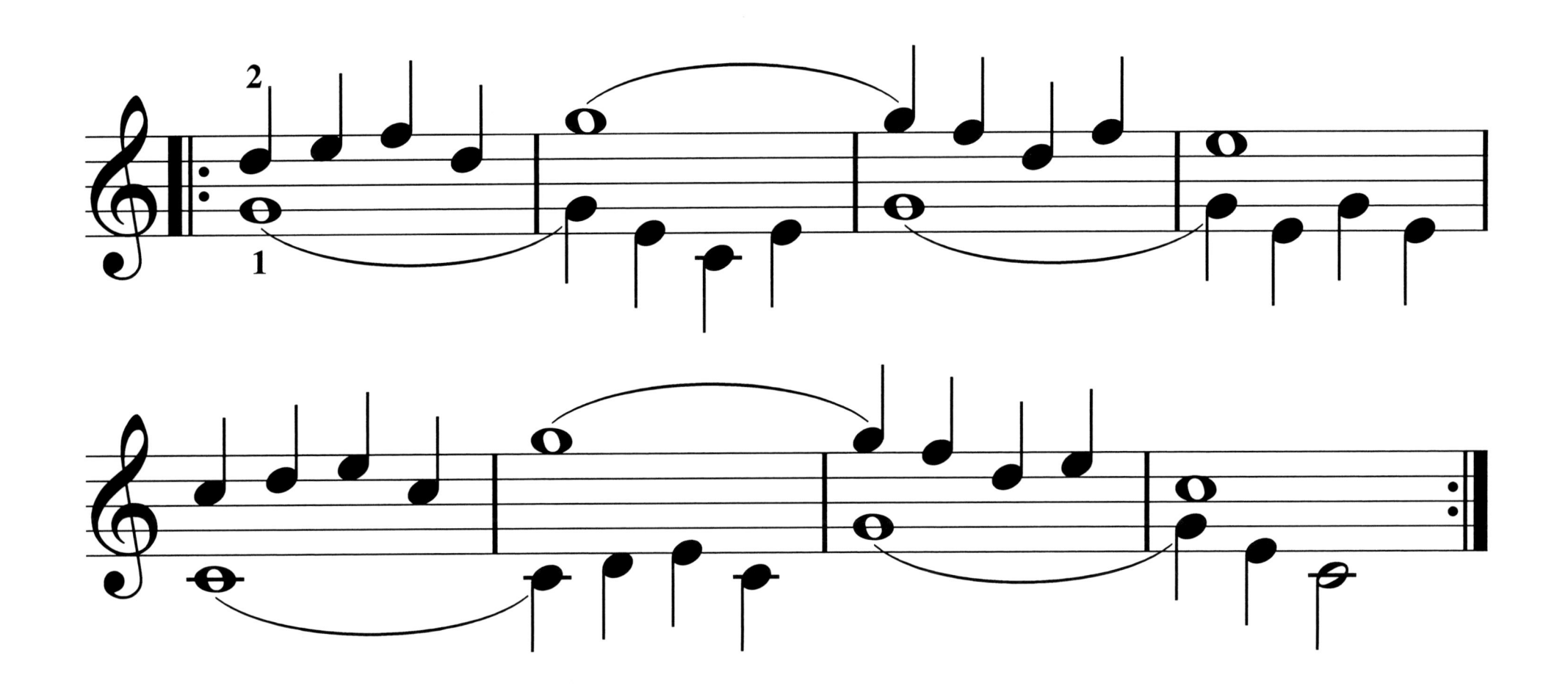

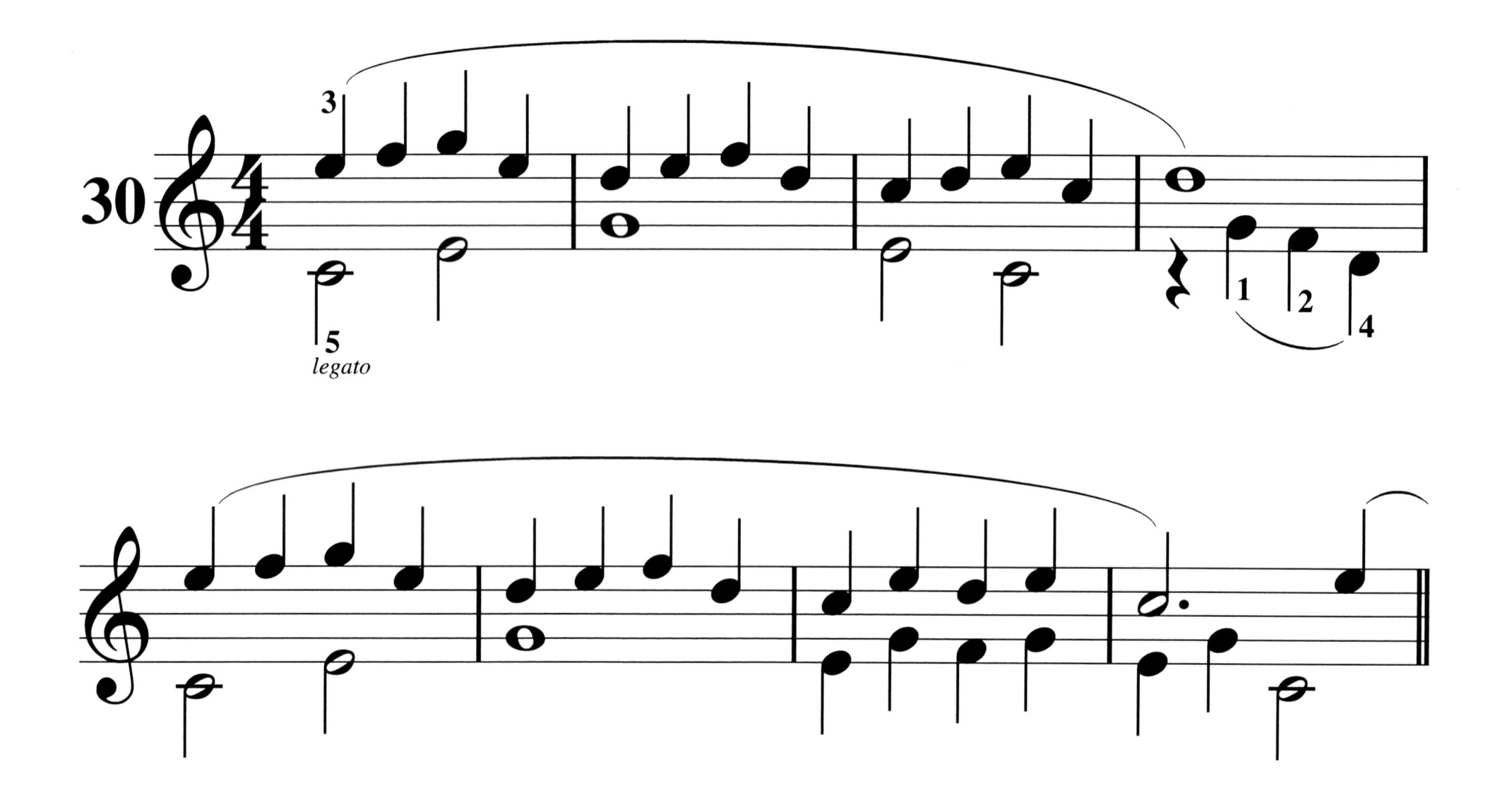

たかい ポジション（1）

みぎては たかい　ゲ　ア　ハ　ツェ　デ　です。
　　　　　　　　（ソ）（ラ）（シ）（ド）（レ）

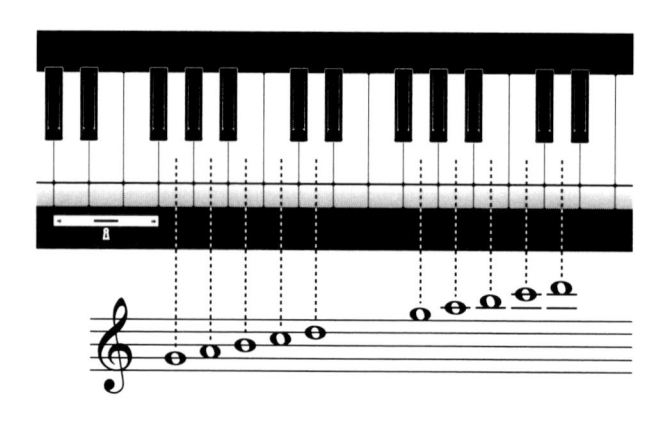

かいたり よんだり しましょう。

よみながら ひきましょう。

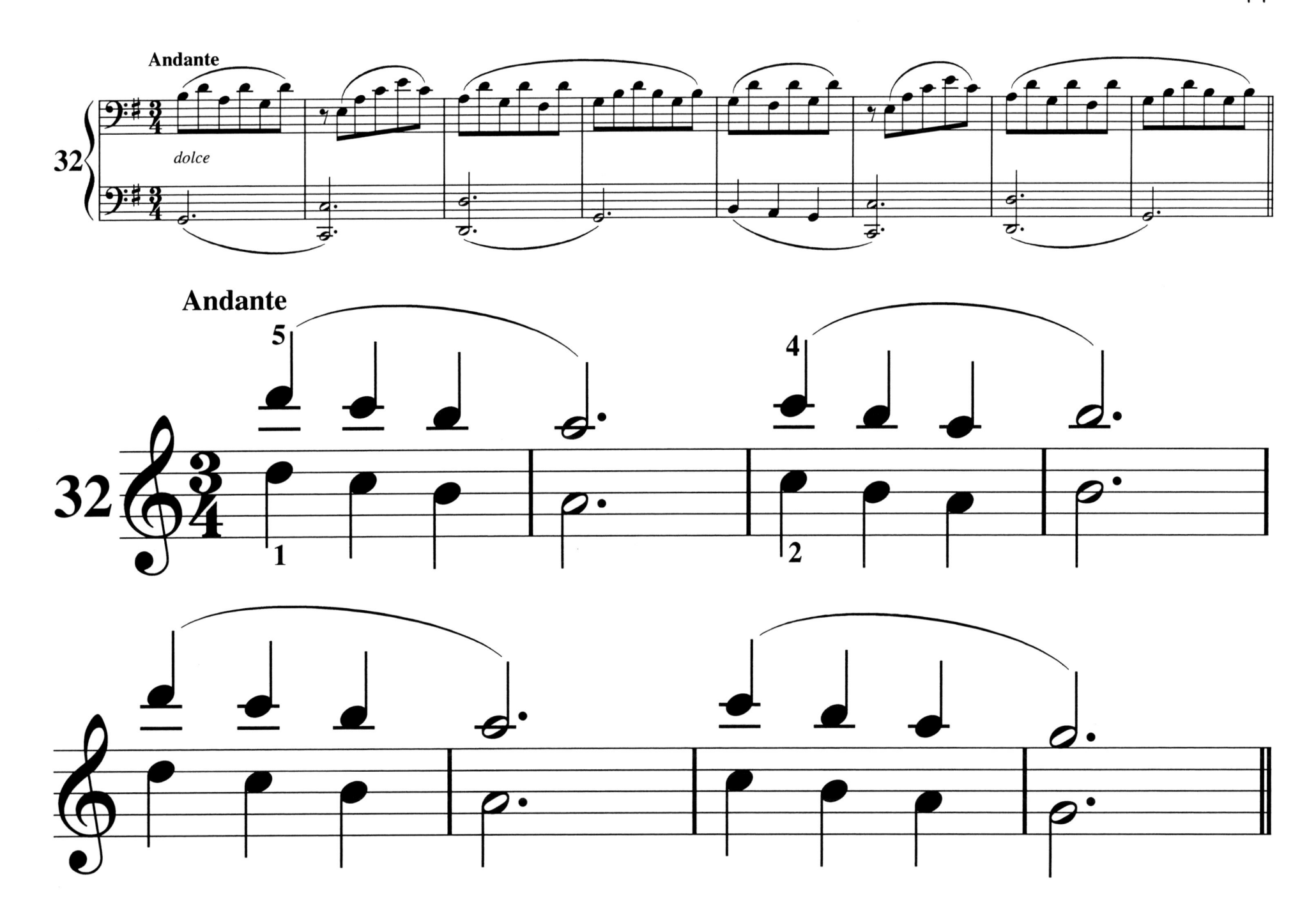

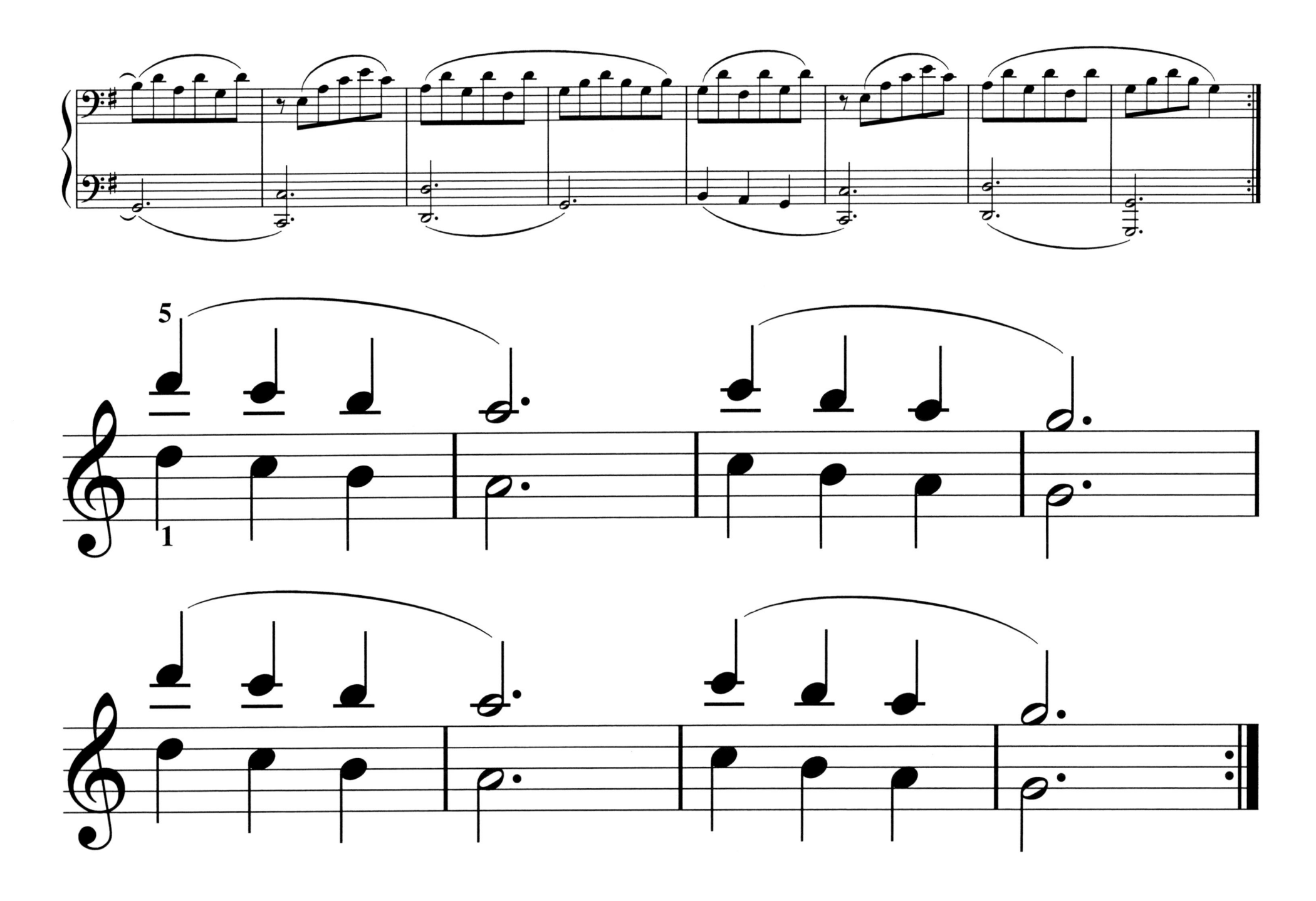

44

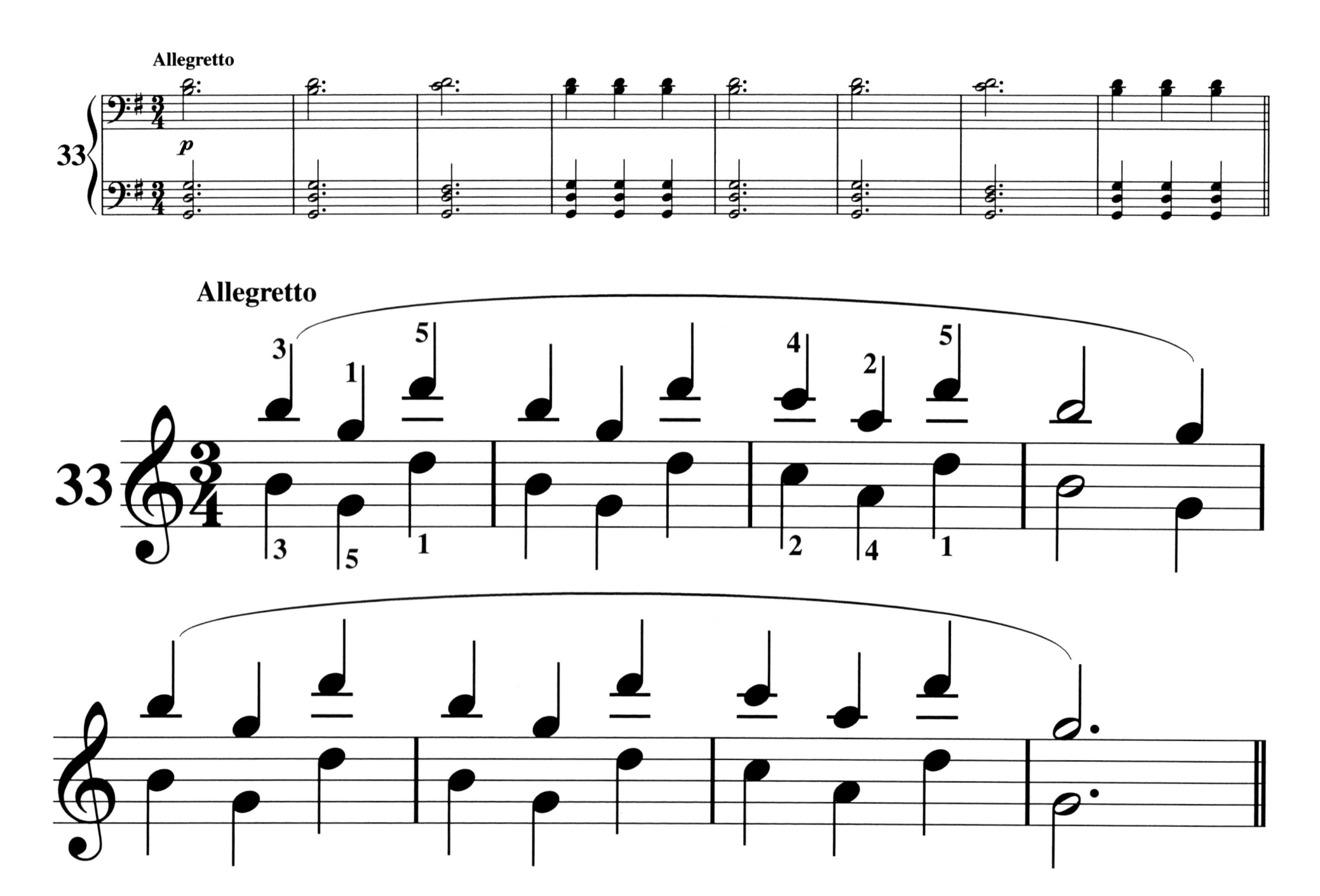

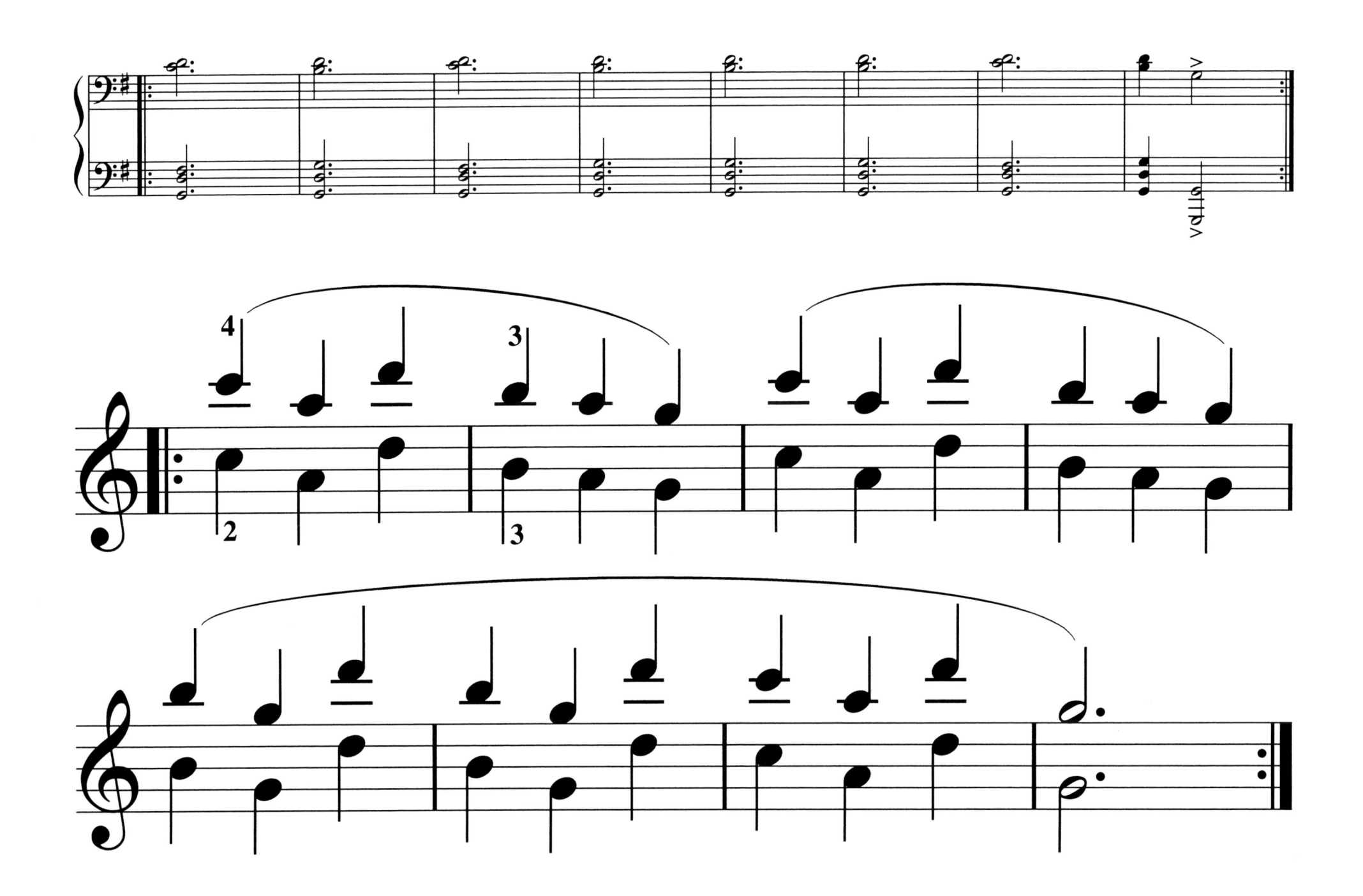

46

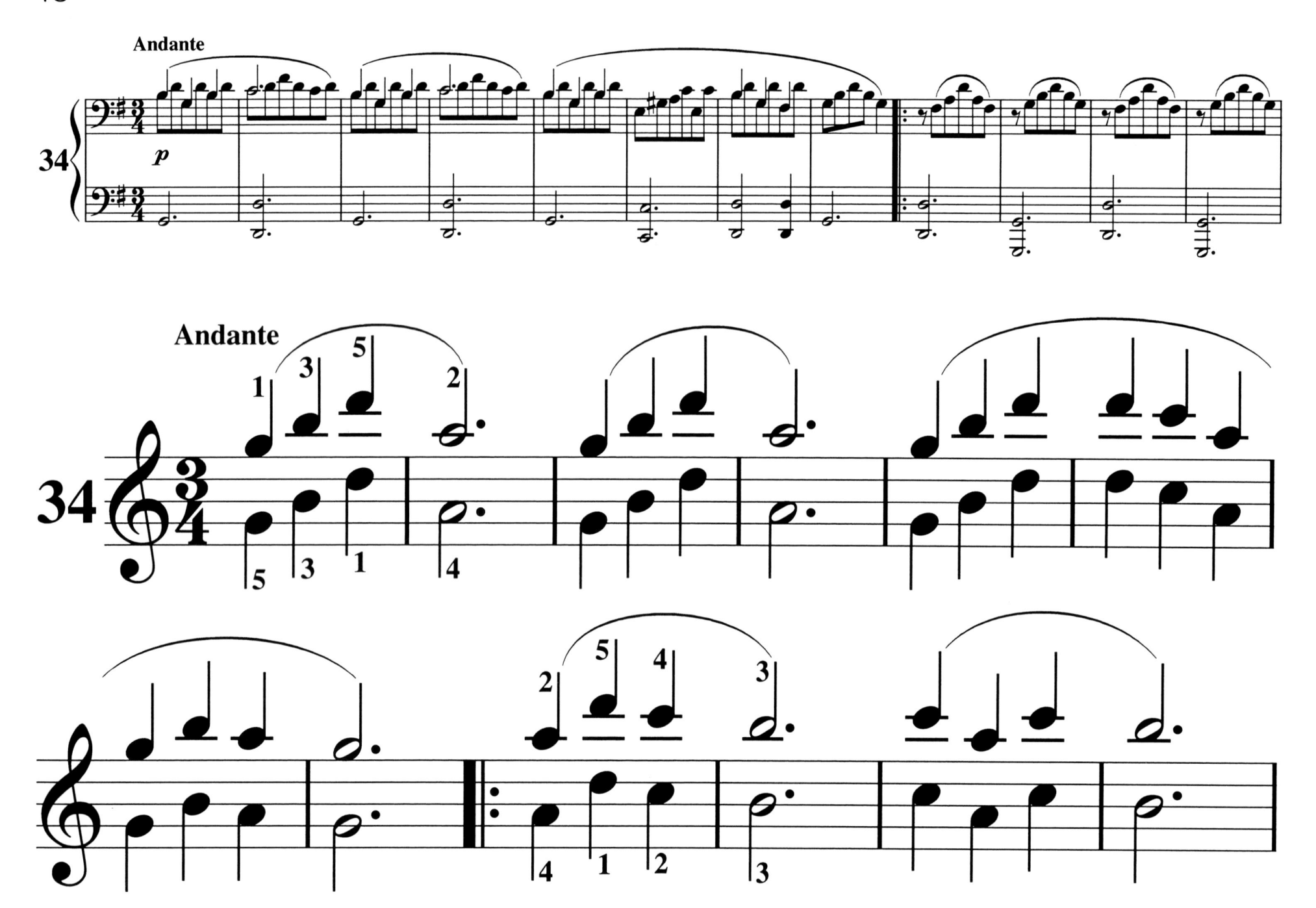

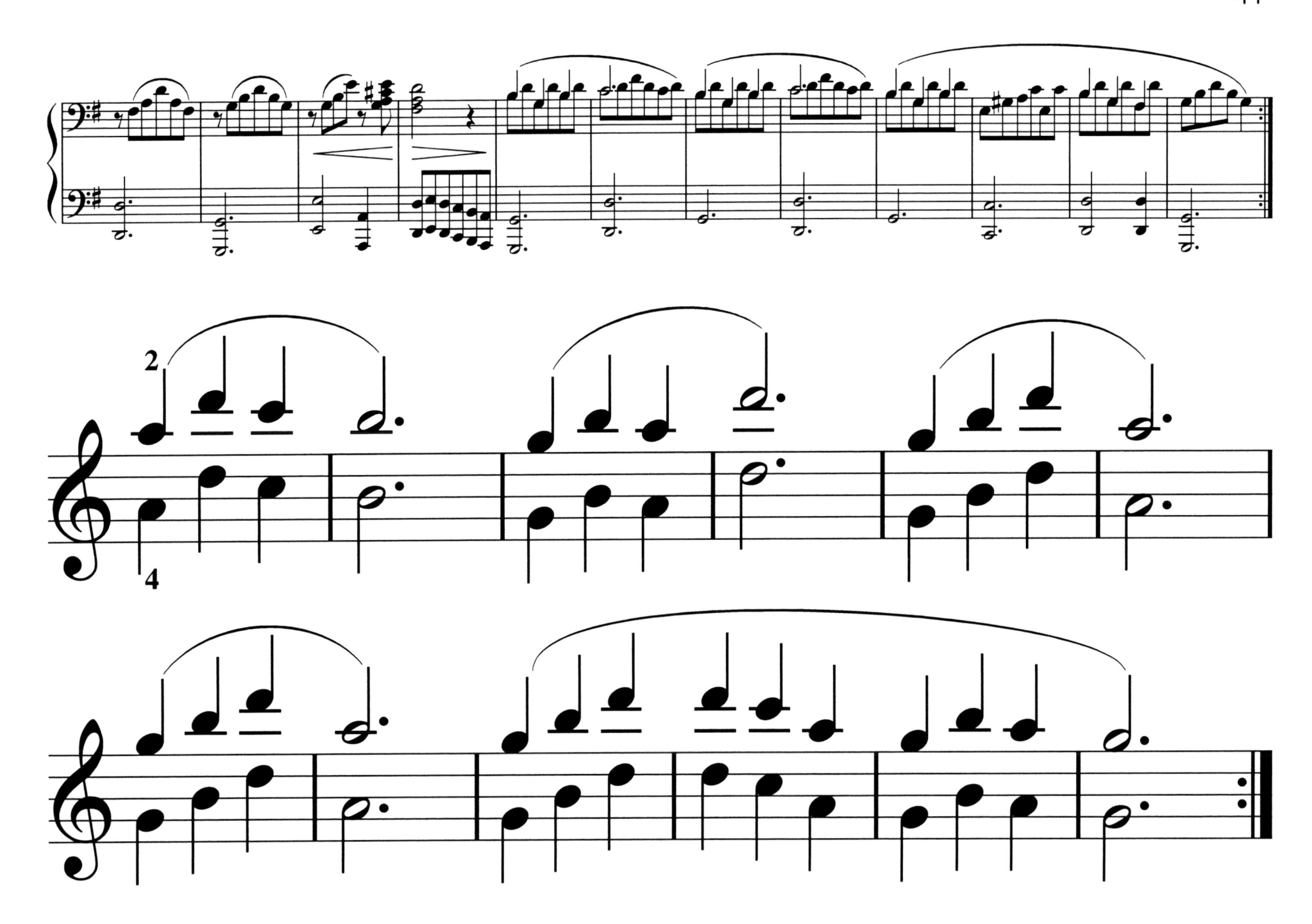

48

ひくい ポジション（2）

ひだりては ひくい ゲ ア ハ ツェ デ です。
（ソ）（ラ）（シ）（ド）（レ）

かいたり よんだり しましょう。

よみながら ひきましょう。

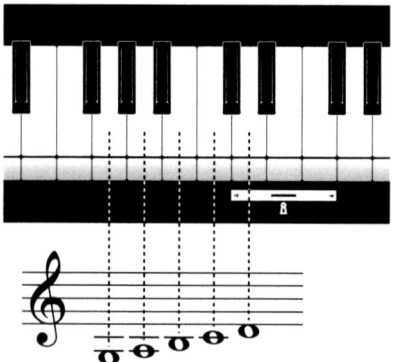

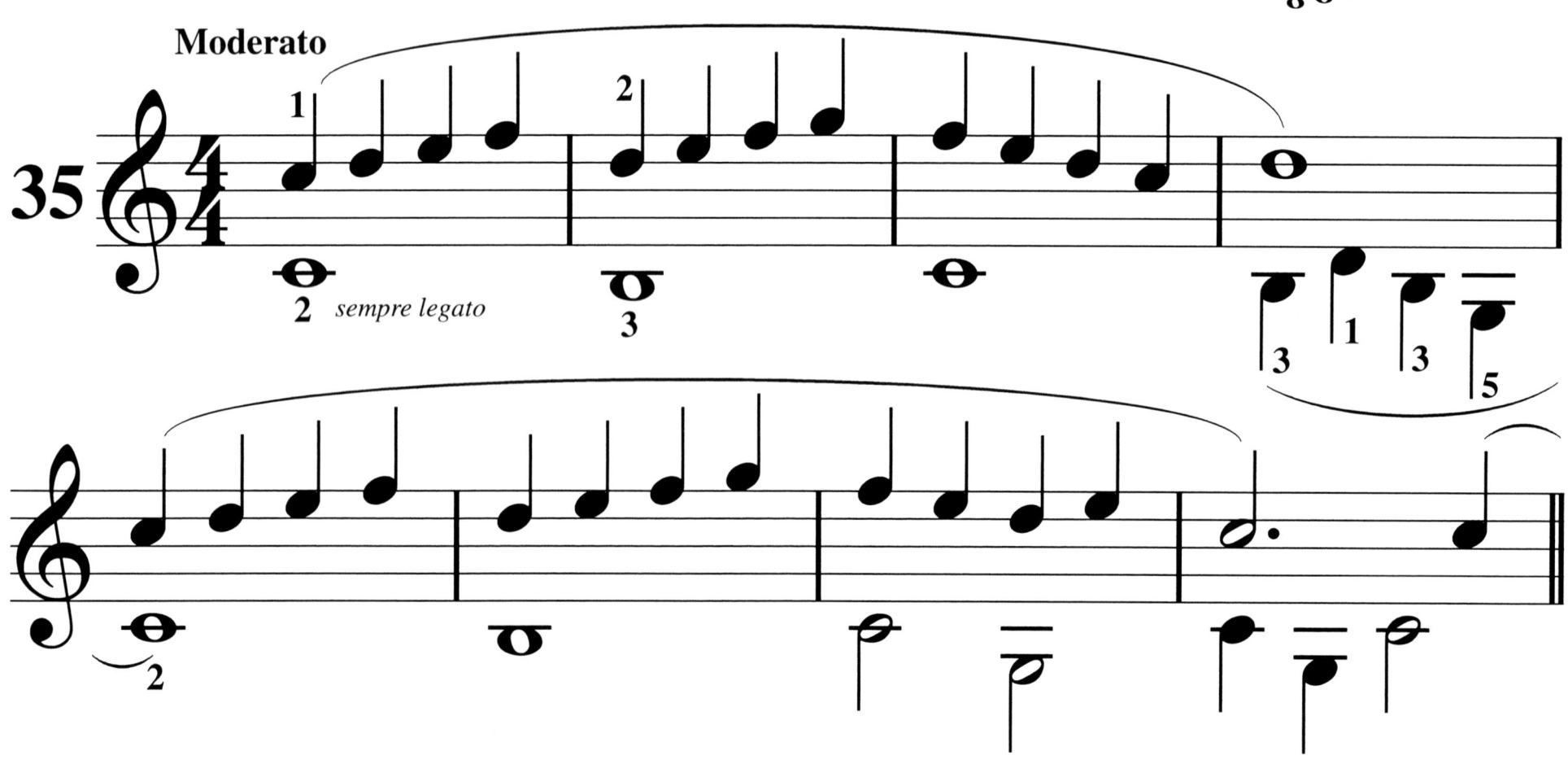

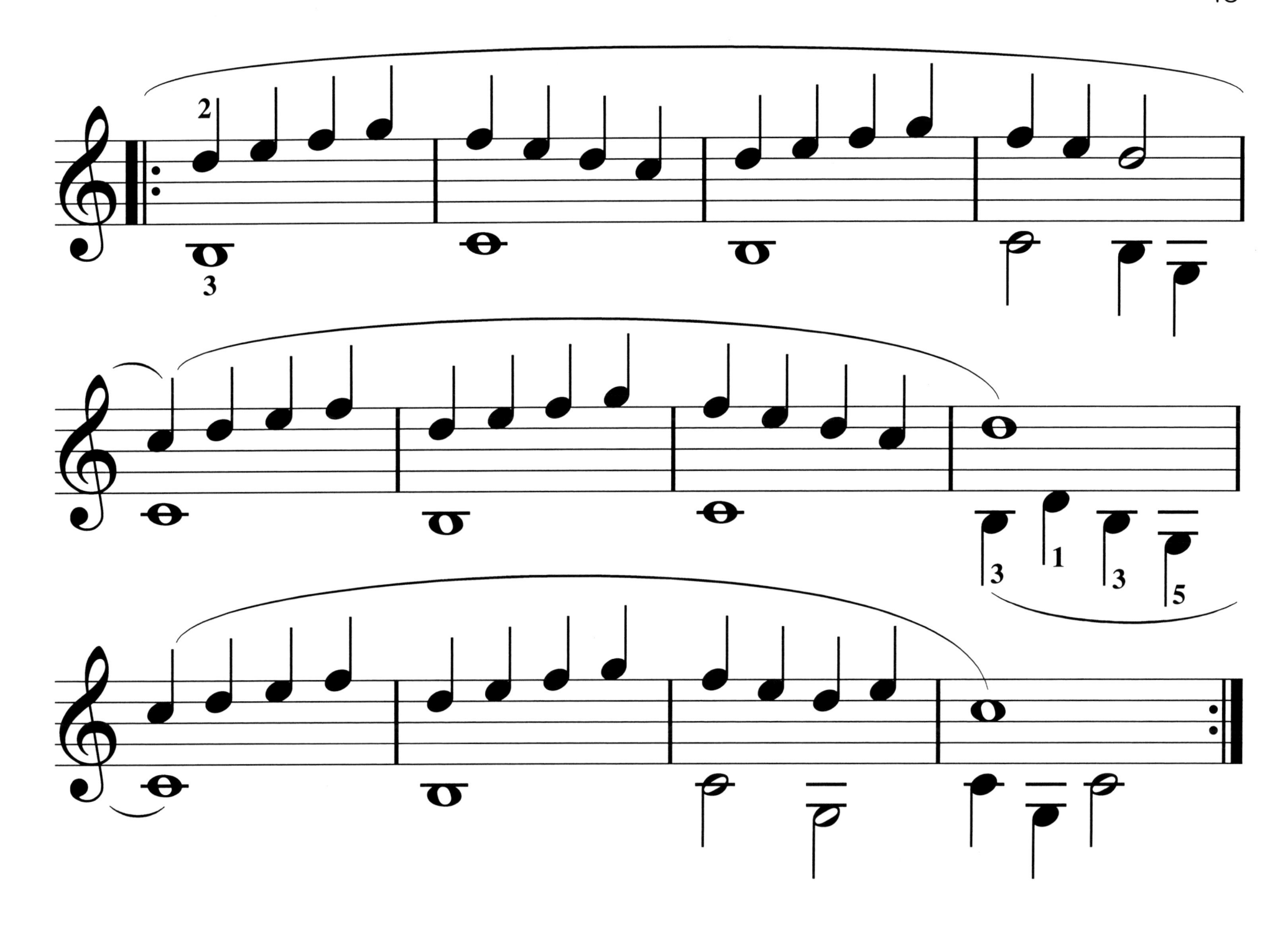

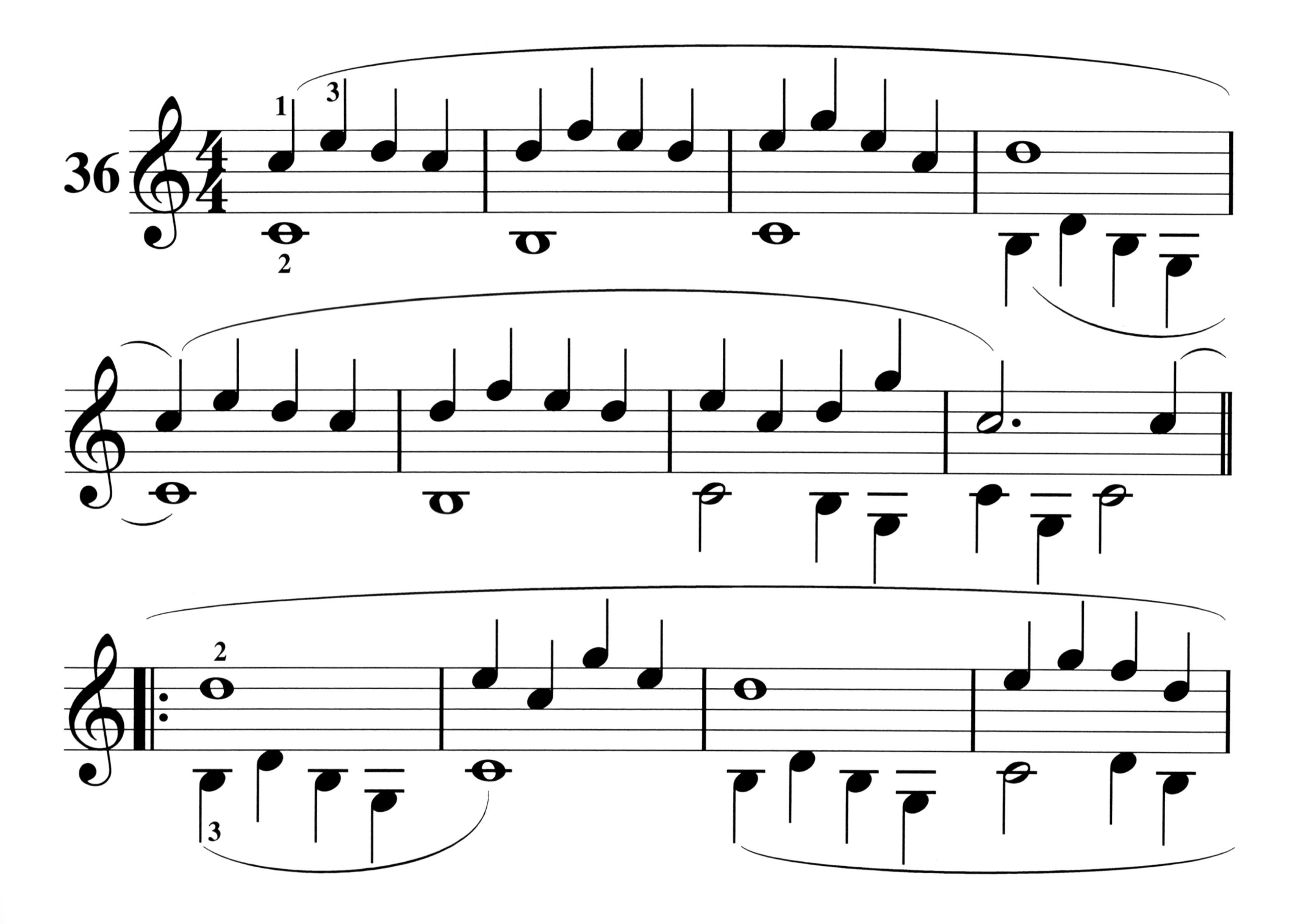

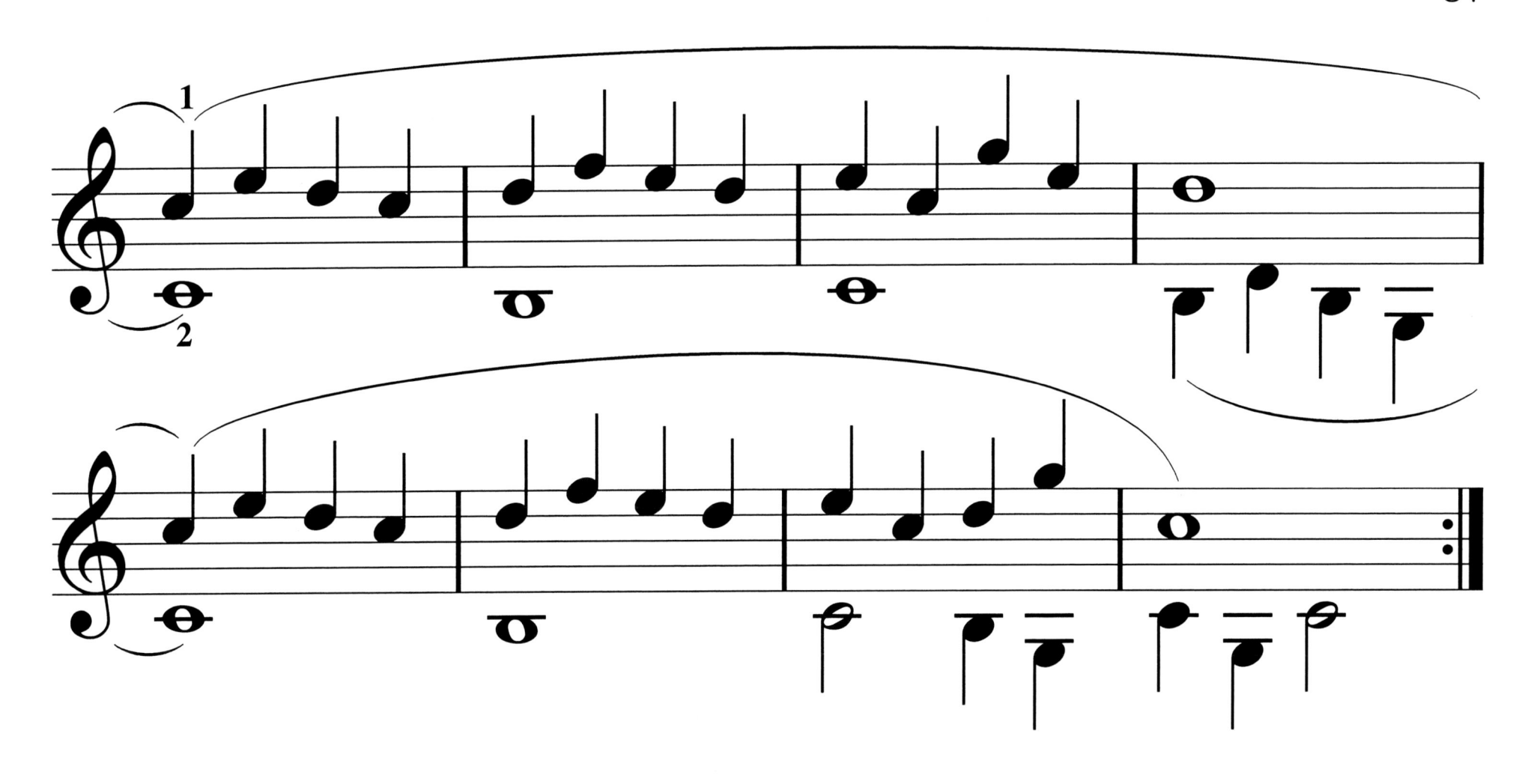

ひくい ポジション（3）

みぎてのポジションも かわります。

よみながら ひきましょう。

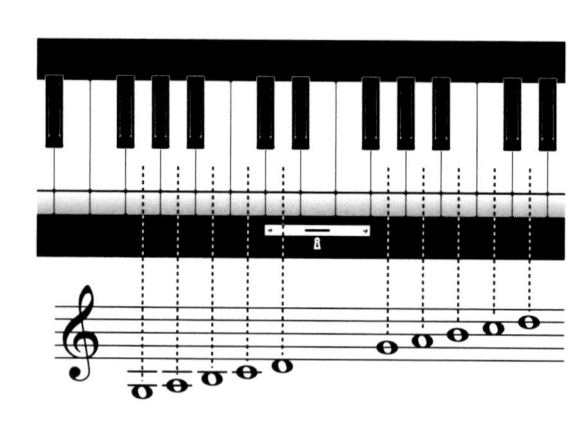

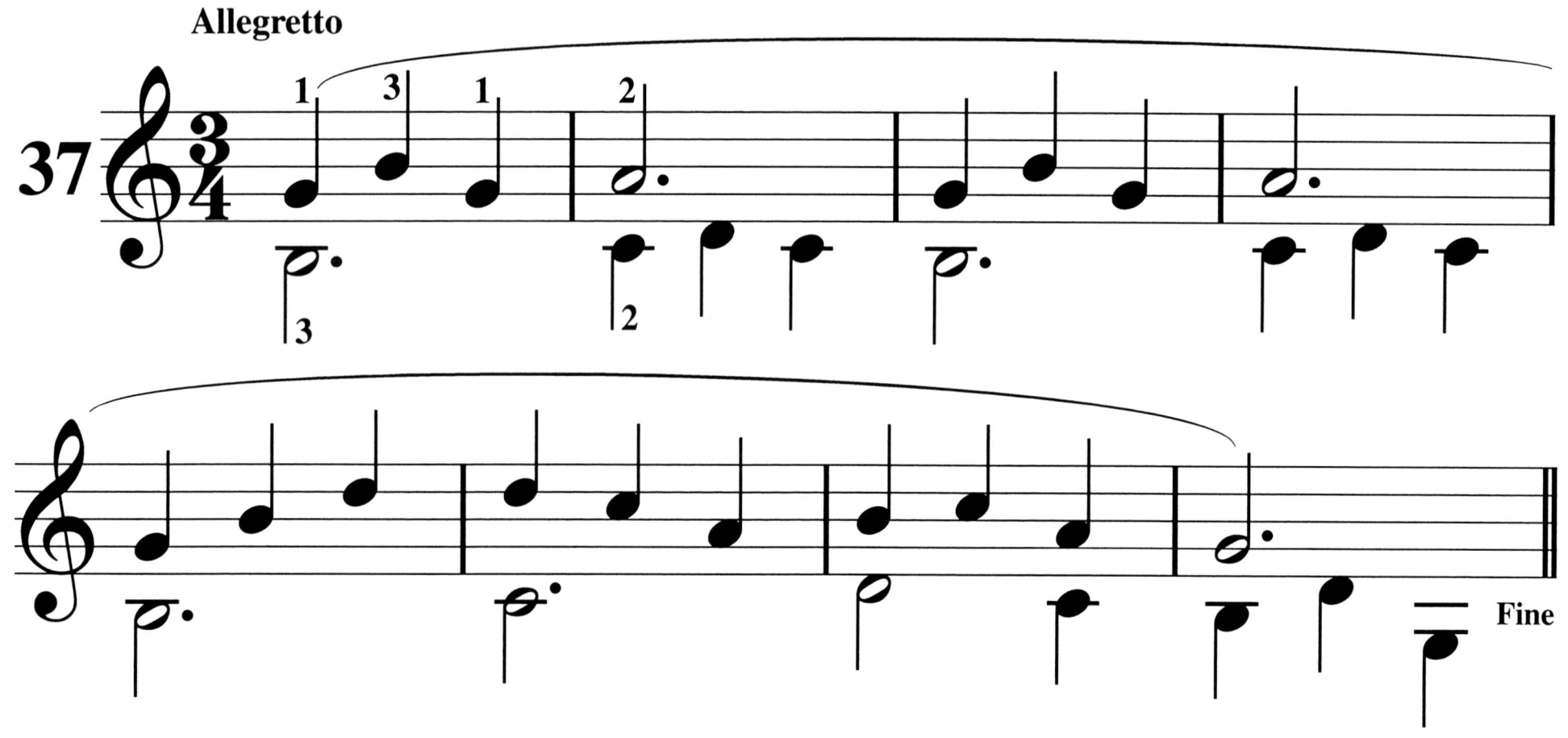

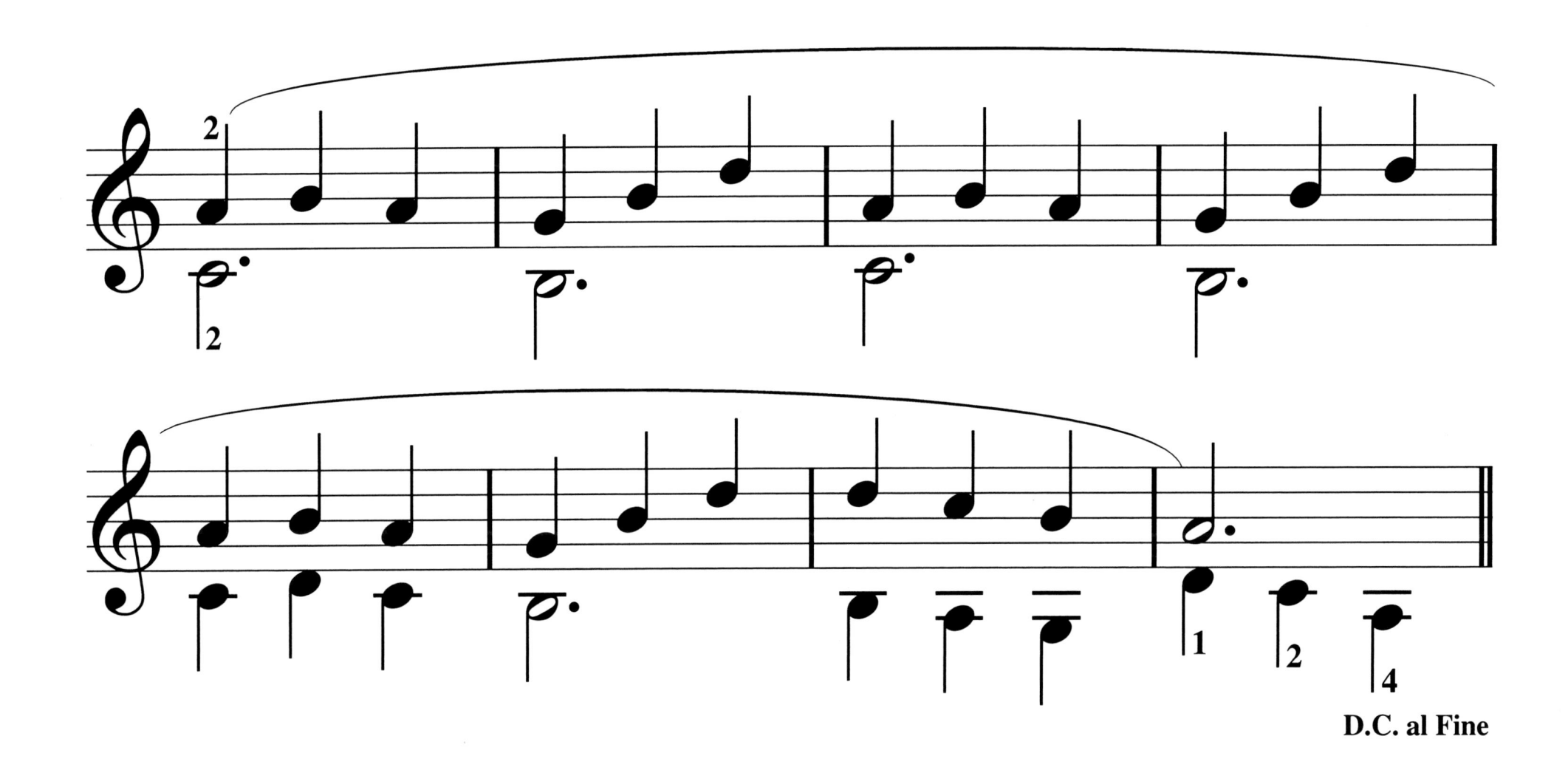

D.C. al Fine

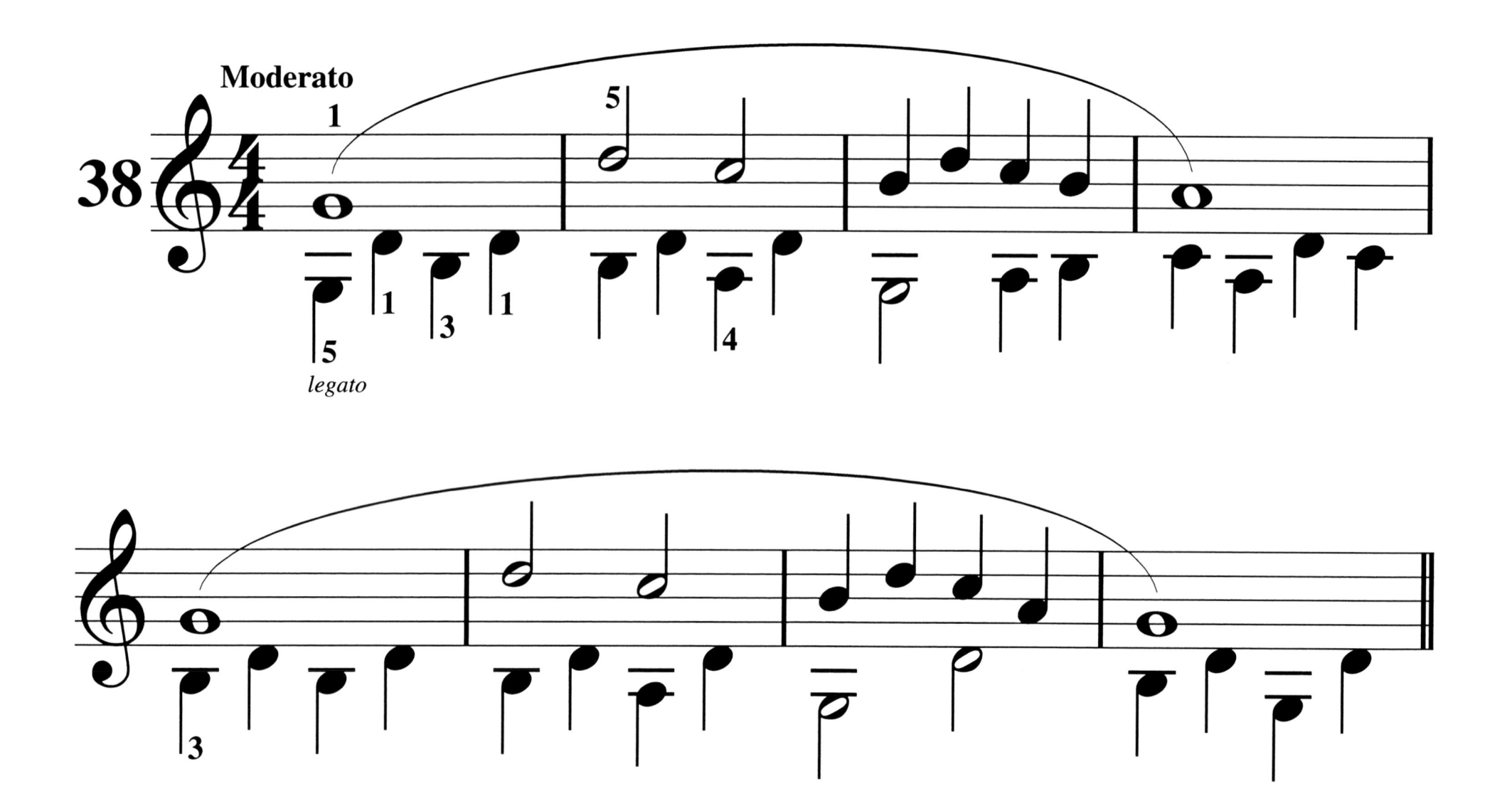

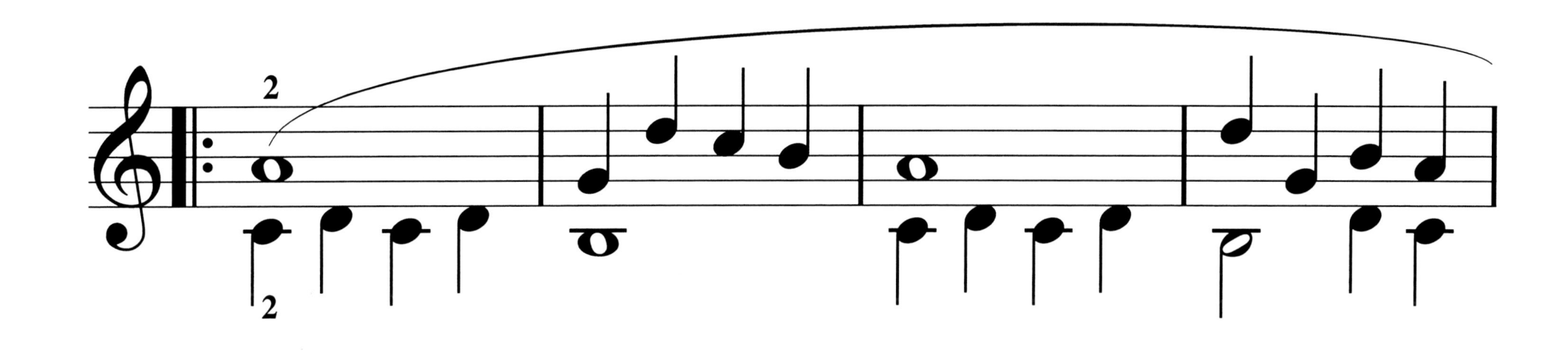

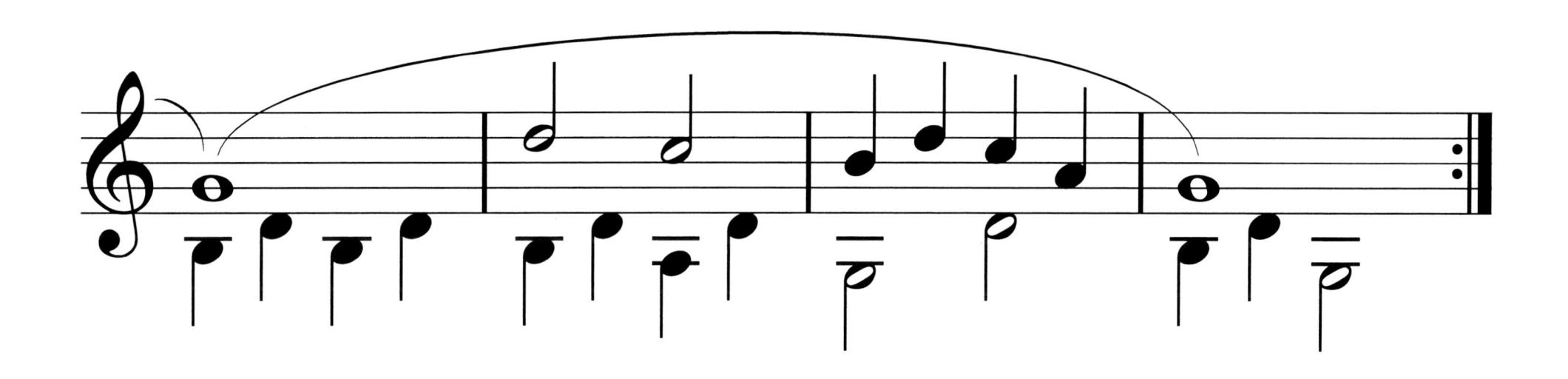

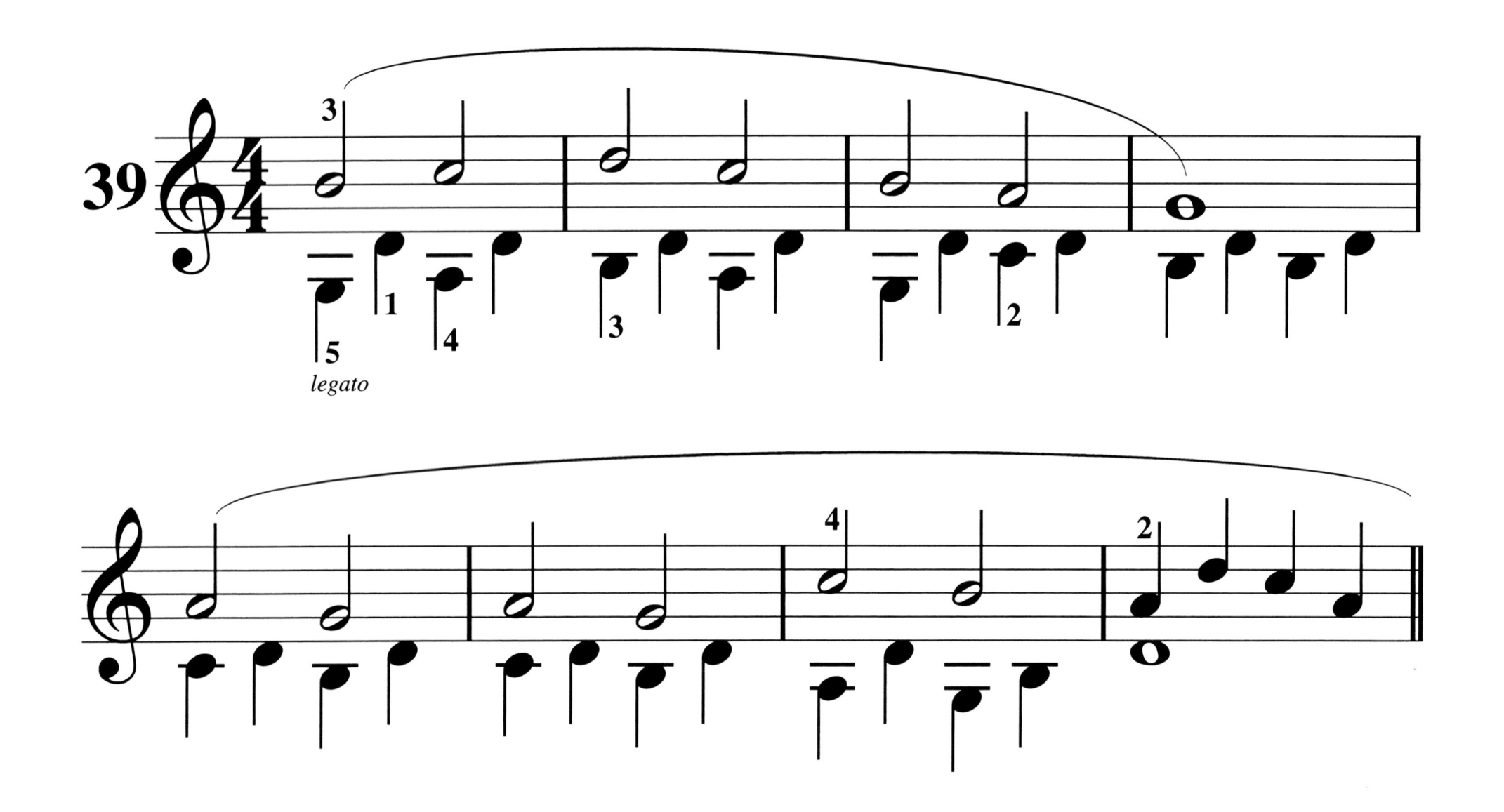

40

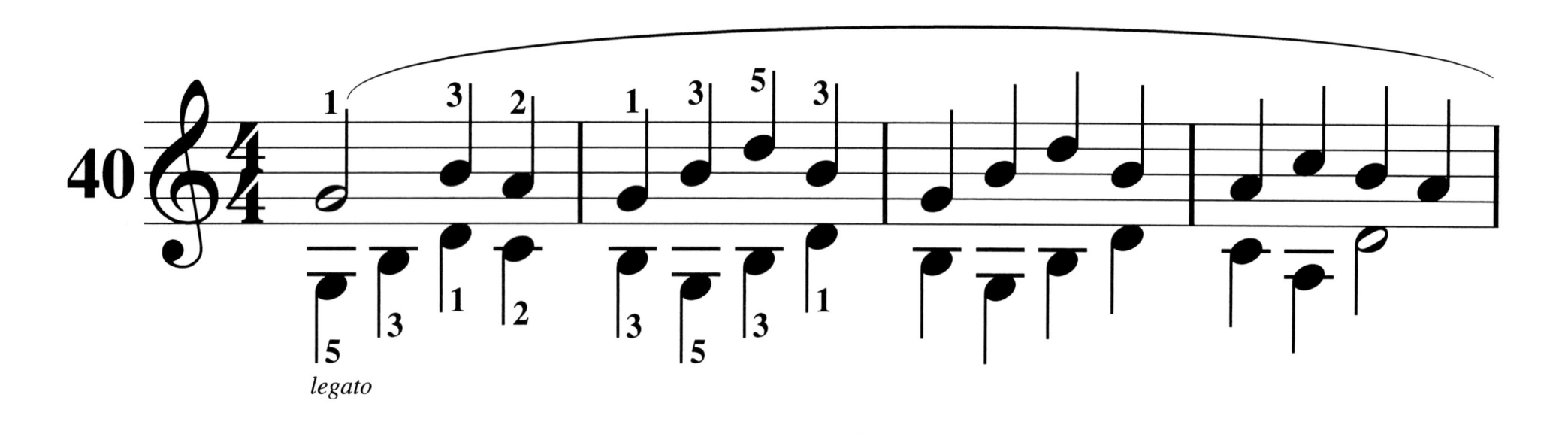

legato

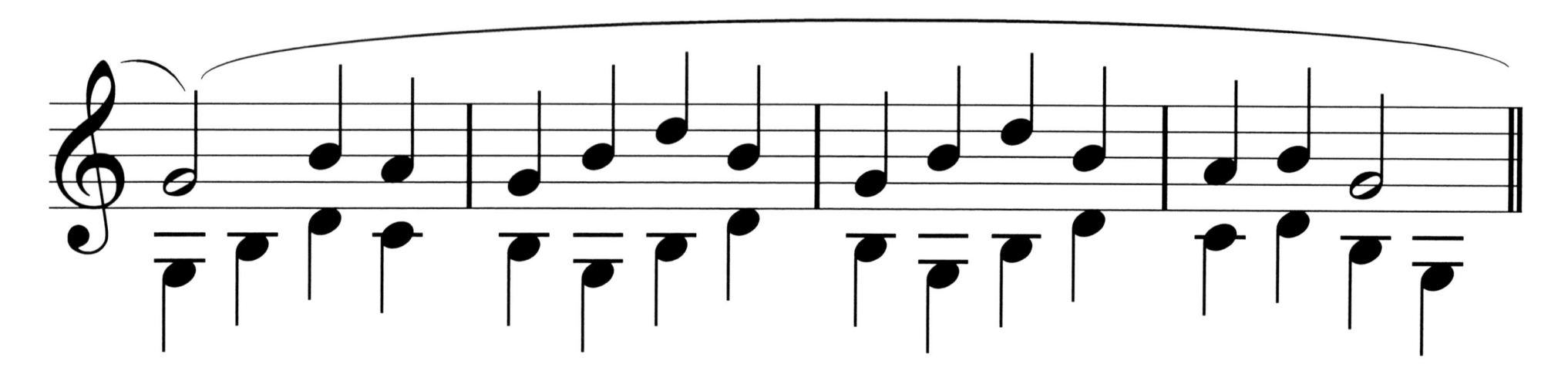

たかい ポジション（4）

たかい エ を おぼえます。
（ミ）

よみながら ひきましょう。

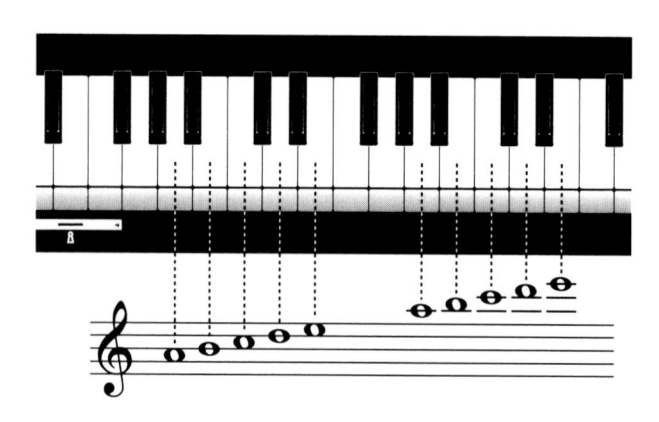

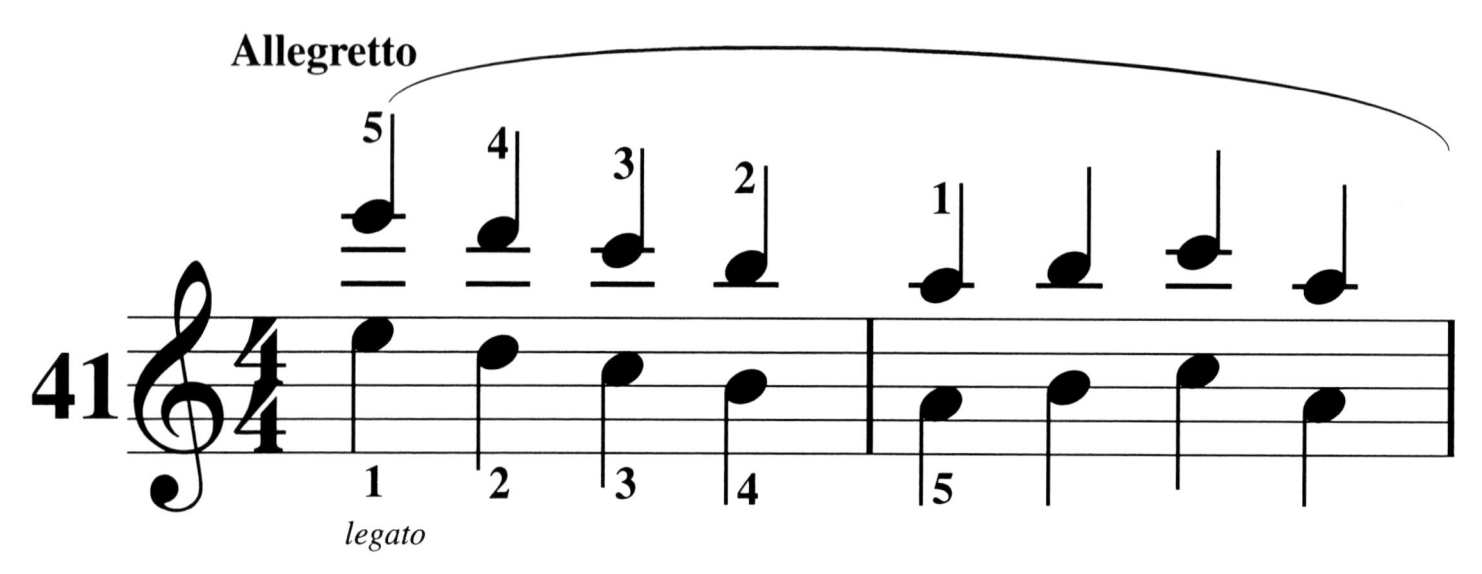

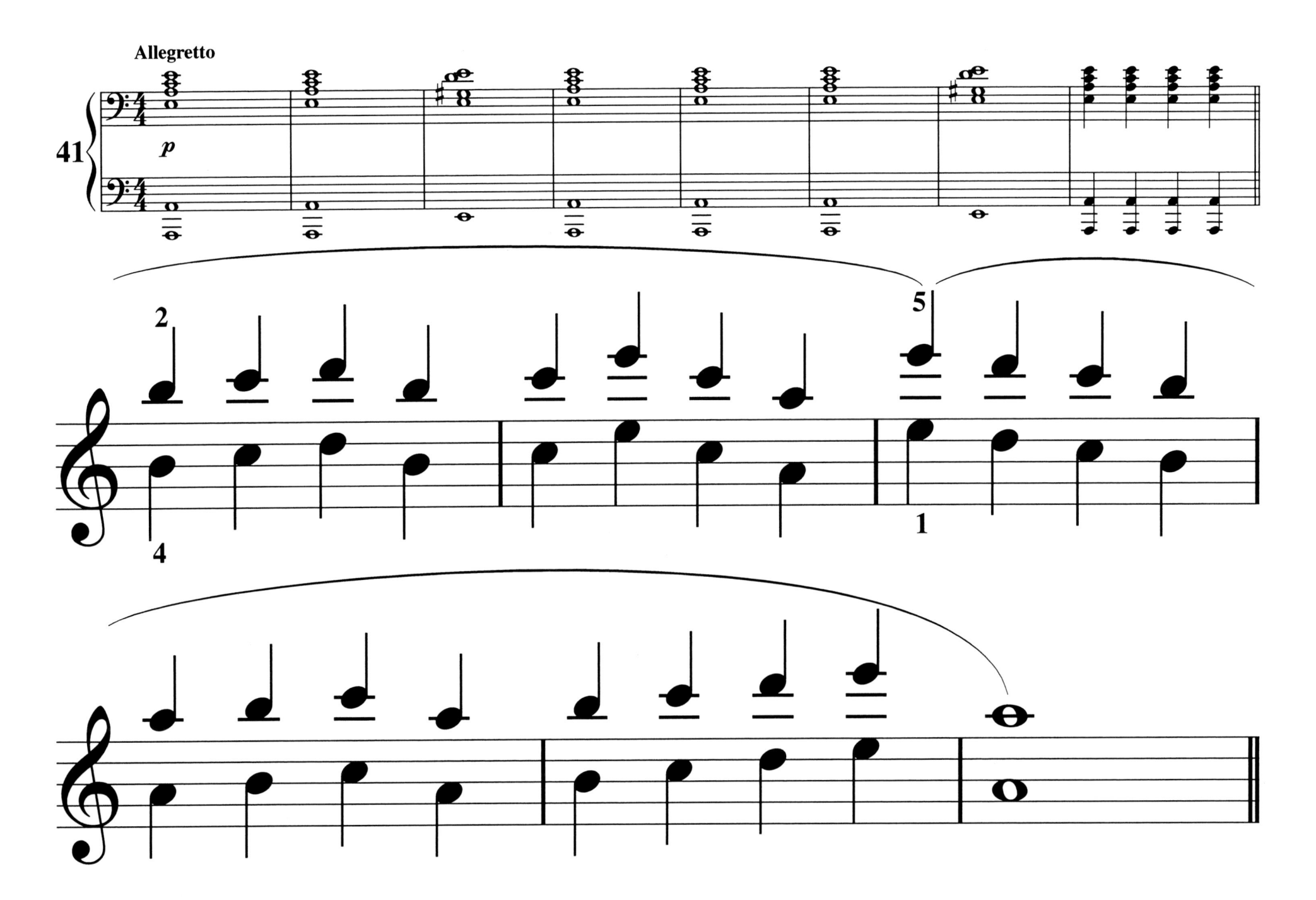

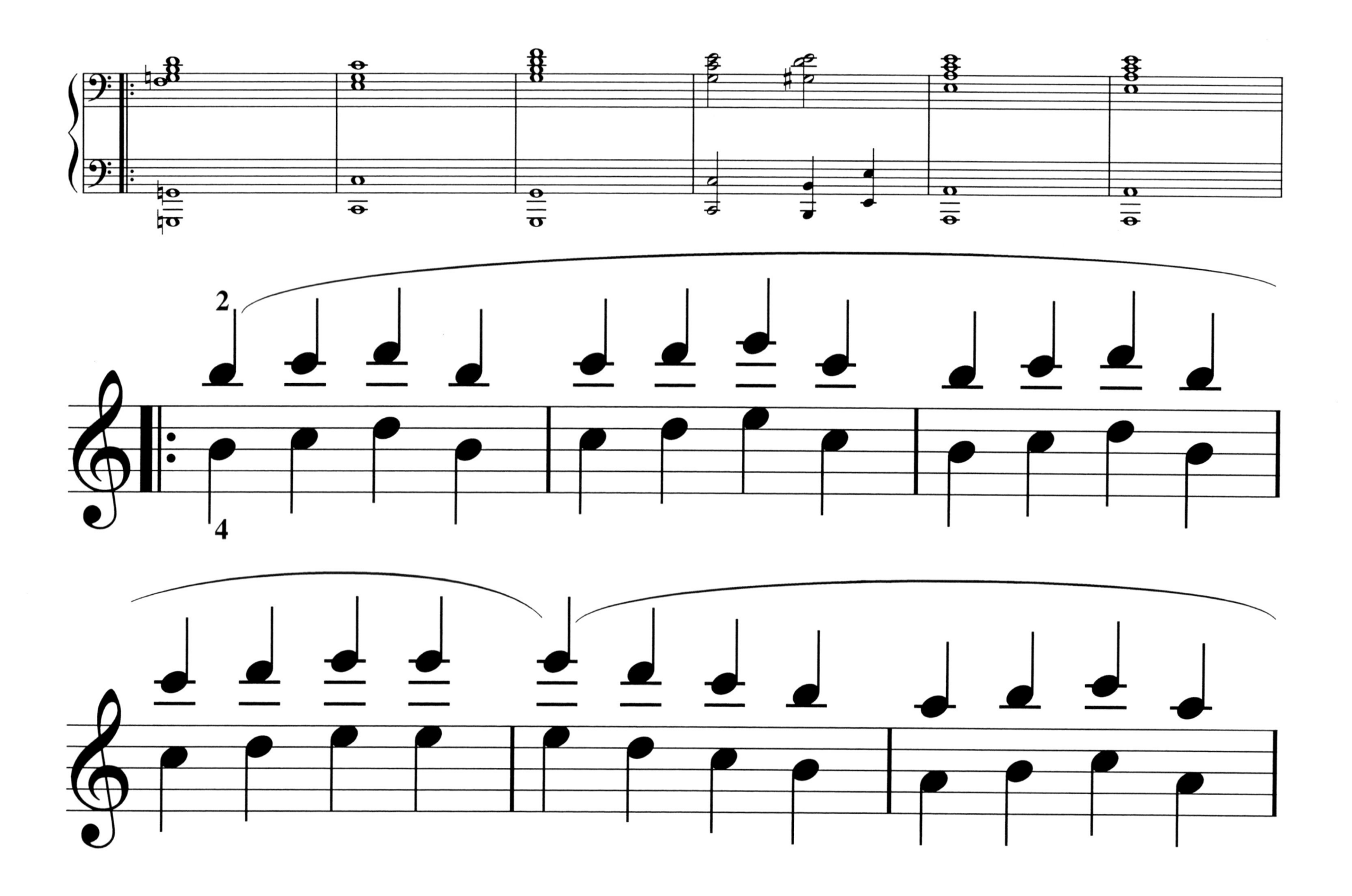

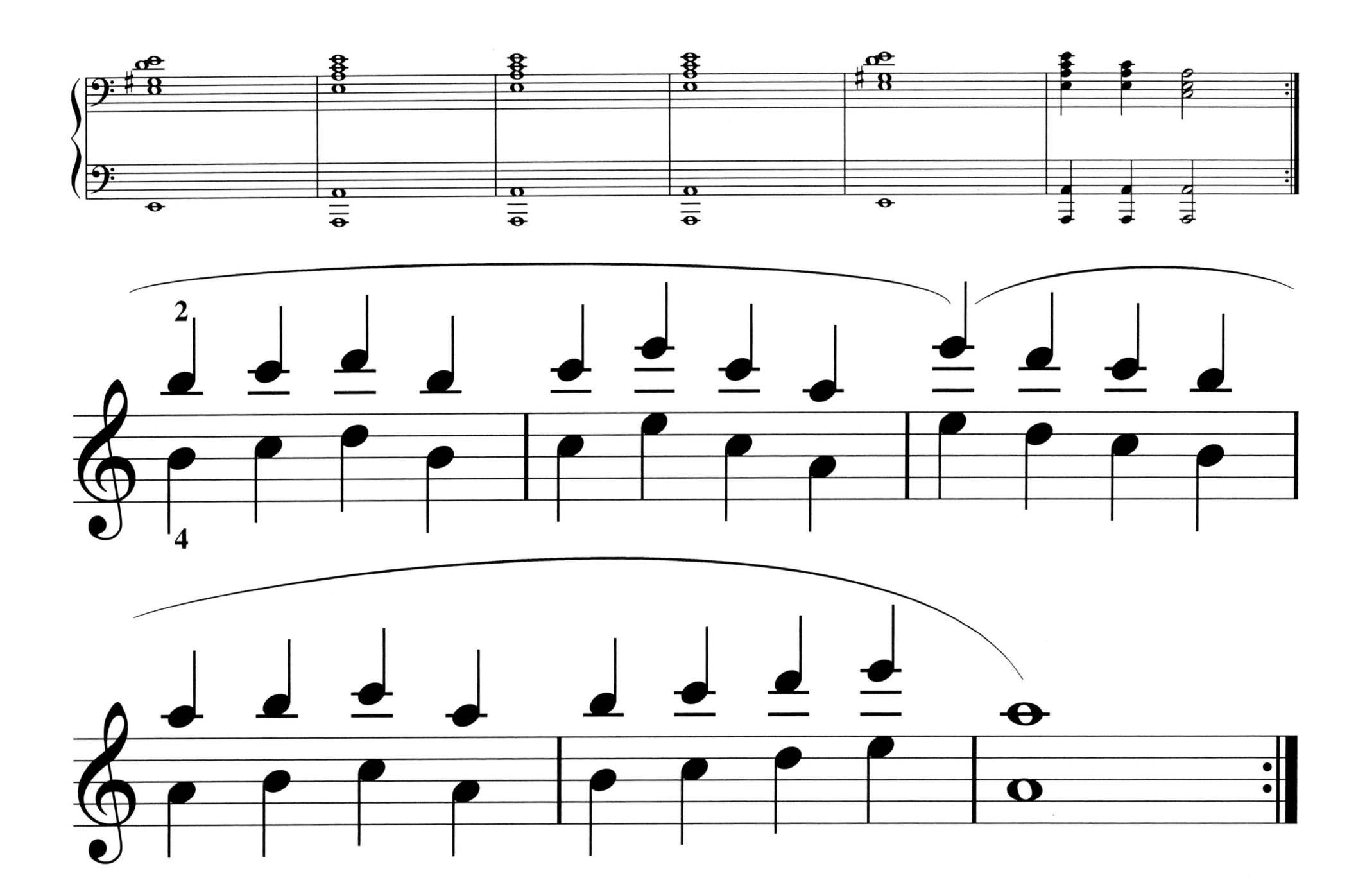

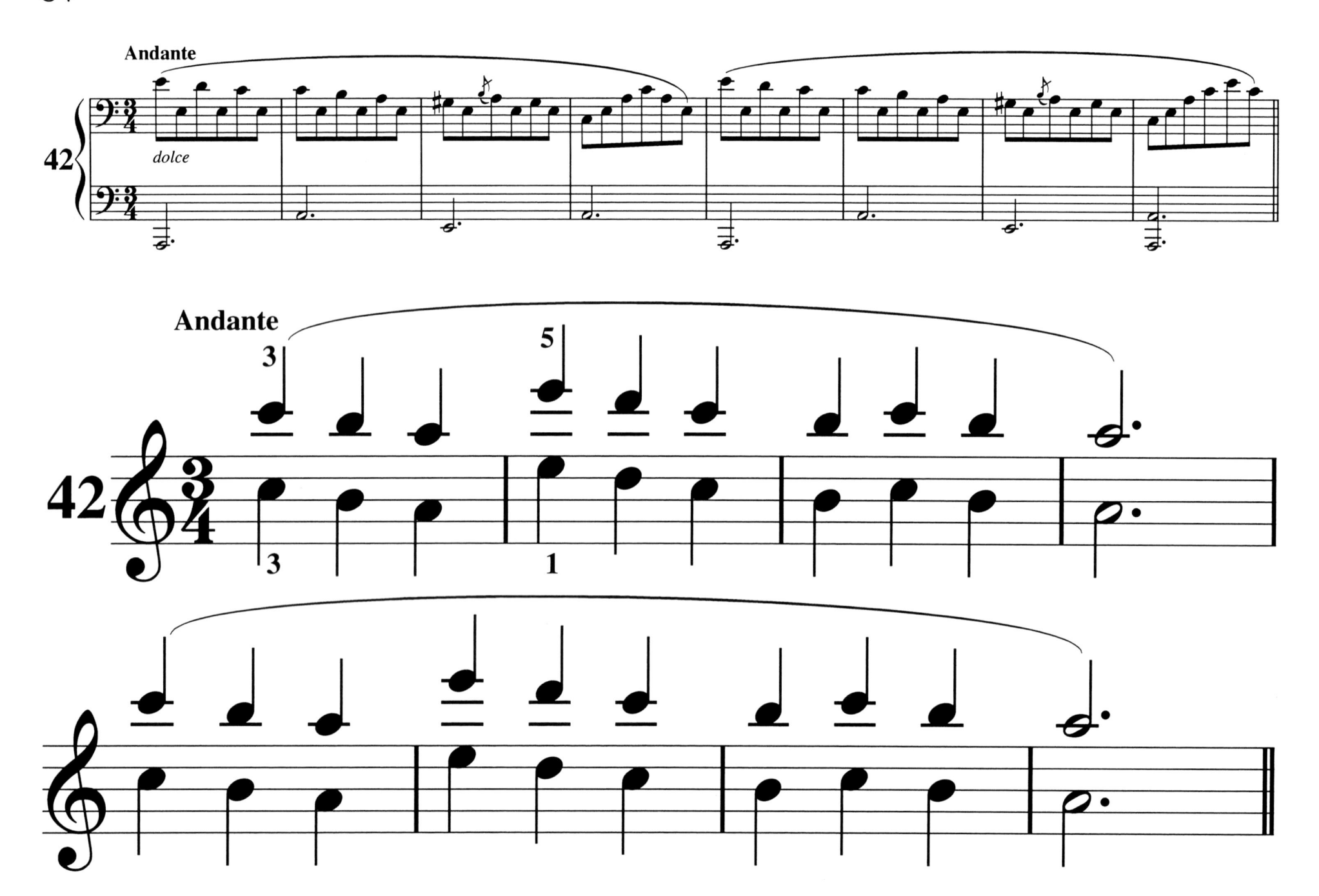

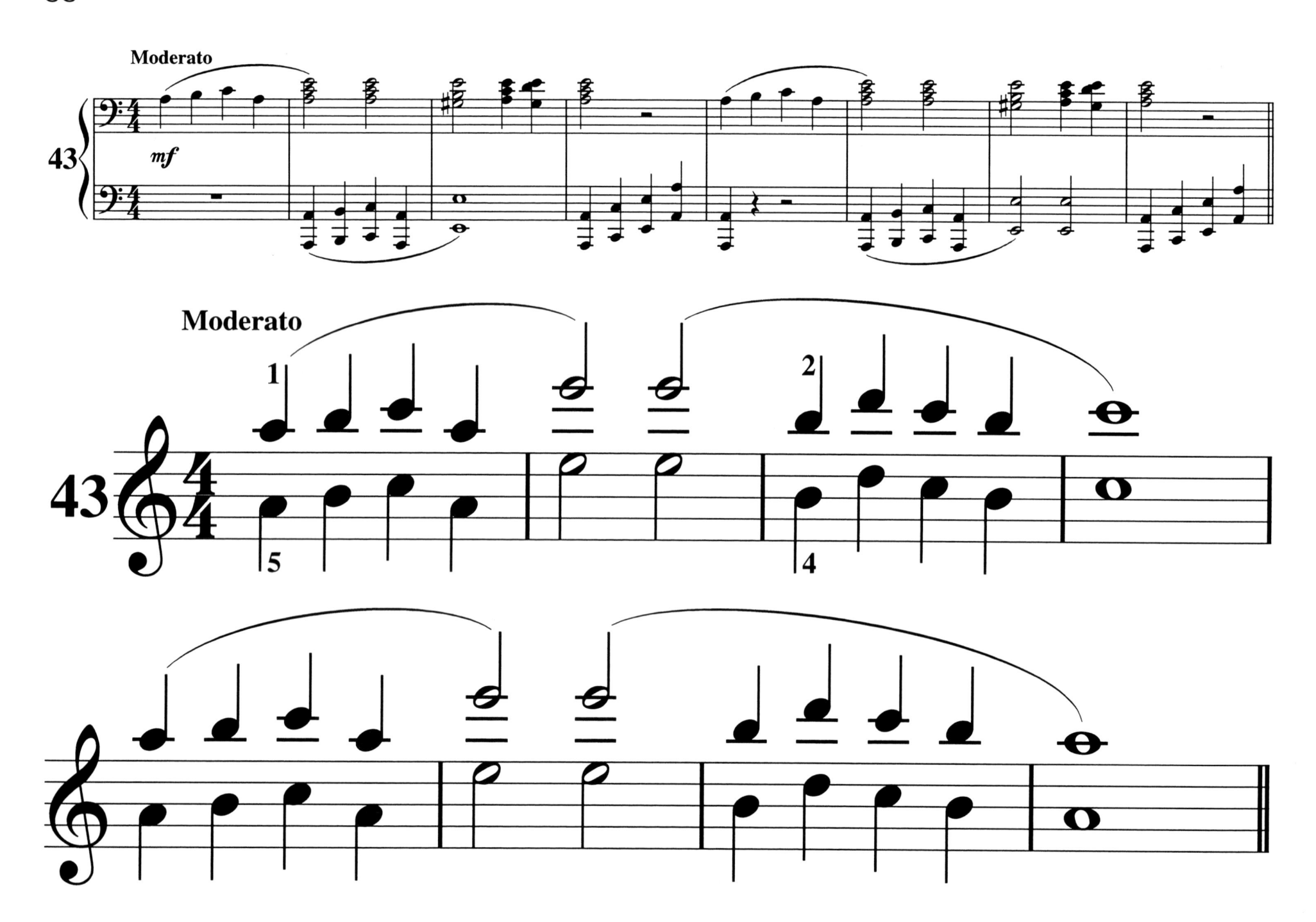

ピアノトレイン ニュー バイエル 2nd Station
2006 年 3 月 10 日初版発行
2020 年 12 月 1 日第 4 刷発行
編著者　音感メソード研究会
　　　　（井澤満代、石川美登子、伊藤喜久子、
　　　　　大矢公子、川又裕子）
発行所　株式会社共同音楽出版社 ©2020
　　　　〒171-0051　東京都豊島区長崎 3－19－1
　　　　電話 03－5926－4011
印刷製本　株式会社平河工業社
充分注意しておりますが、乱丁・落丁は本社にてお取替えいたします。

皆様へのお願い
　　楽譜や歌詞・音楽書などの出版物を著作権者に無断で複製（コピー）するこ
とは、著作権の侵害（私的利用など特別な場合を除く）にあたり著作権法により
罰せられます。
　　また、出版物からの不法なコピーが行われますと出版社は正常な出版活動が困
難となり、ついには皆様方が必要とされるものも出版できなくなります。
　　音楽出版社と日本音楽著作権協会（JASRAC）は著作権の権利を守り、なお
いっそう優れた作品の出版普及に全力をあげて努力してまいります。
　　どうか不法コピーの防止に、皆様方のご協力をお願い申し上げます。
　　　　　　　　　　　　　　　　　　　株式会社共同音楽出版社
　　　　　　　　　　　　　　　　　　　一般社団法人日本音楽著作権協会（JASRAC）